Friedrich Haase

Ungeschminkte Briefe

1. Band

Friedrich Haase

Ungeschminkte Briefe
1. Band

ISBN/EAN: 9783744683197

Hergestellt in Europa, USA, Kanada, Australien, Japan

Cover: Foto ©ninafisch / pixelio.de

Weitere Bücher finden Sie auf **www.hansebooks.com**

Ungeschminkte Briefe

von

Friedrich Haase.

Zweite Auflage.

Dresden und Leipzig
Verlag von Heinrich Minden.
1883.

Vorwort.

Die in dieser Brochure gesammelten „Un-
geschminkten Briefe" von Friedrich Haase
haben bei ihrer ersten Veröffentlichung im
„Berliner Tageblatt" ein außerordent-
liches Aufsehen gemacht und das allgemeinste
Interesse hervorgerufen. Die ehrlichen Worte,
die Friedrich Haase über amerikanische Kunst-
zustände äußert, haben trotz ihrer urbanen
und maßvollen Form jenseits des Oceans ein
mürrisches Echo erweckt, aber bei unbefangenen
Beobachtern eine ebenso lebhafte Zustimmung
gefunden. Auf jeden Fall sind für Freunde
und Gegner die Beobachtungen eines so hervor-

ragenden Meisters deutscher Kunst von gleich-
mäßigem Interesse, und der Verleger glaubte
in Folge dessen, allen Kreisen eine willkommene
Gabe zu bieten, indem er die farbenreichen
fenilletonistischen Bilderbogen Friedrich Haase's
in einem handlichen Büchlein zusammenfaßte.

Dresden und Leipzig, December 1882.

Die Verlagshandlung.

I.

Was ein „Manager" ist.

Liebe Freundin!

Sie mahnten mich, da ich Amerika verließ,
an das Gelöbniß, das ich Ihnen scheidend gab,
von meiner Kunstfahrt in's amerikanische Land
Erinnerungs = Blätter mitzubringen. Nun, ich
hab's gethan! Schrecklich aber wahr —! Was
sich in langen Monaten mir erschlossen, die Ein=
drücke, die ich im Wirrsal arbeitsreicher Tage
empfangen — Alles, was mir den Sinn erfreut,
oder auch die Stimmung verdorben, was Auge
und Ohr gefesselt, oder die Seele mir fremd und
unsympathisch berührte, das habe ich heimkehrend
auf der Höhe des Weltmeeres festzuhalten und
zu sichten versucht. Aber wie nur in gewisser
Ferne Bilder plastisch wirken, so mußte die Zeit
der Muße und Sammlung erst den Schleier lüften,
der über Eindrücken und Erinnerung lag — und
so komme ich erst jetzt mit dem Versprochenen,
einem Strauß von Blättern und Blüthen, in

welchem auch der verstohlen ritzende Dorn nicht
fehlt, — bunt und mannigfaltig wie das Land,
dem er entstammt, und ich lege ihn in Ihre
Hände, um mein Versprechen zu lösen.

Ob's wohlgethan? Ich glaube kaum, und
mein Bedenken will ich Ihnen nicht vorenthalten.

Es ist vielleicht einer der wenigen Punkte,
in denen die Urwüchsigkeit amerikanischer Auf=
fassung dem deutschen Wesen überlegen: Daß
jeder Mensch, der in irgend einem Berufe sich
auszeichnet, nun auch als ausgezeichneter Mensch
gilt, ohne daß der Beruf selbst einen Unterschied
begründet. So gilt der bedeutende Schauspieler,
was überhaupt ein bedeutender Mensch gilt:
Eine Reserve, eine Anerkennung quand même,
wie sie bei uns üblich, kennt man „drüben" nicht.
Sie, meine Liebe, haben nun freilich immer
Europens übertünchte Höflichkeit vertheidigt, wenn
mich gelegentlich der Zorn über die soziale
Stellung unserer Kunst erfaßte. Sie verwiesen
mich auf Sterne und Bänder, die Viele unter
uns aufzuweisen haben, auf die Huld und Zu=
neigung der Höchsten dieser Erde, auf den in=
timen Verkehr mit auserlesenen Geistern — aber
es bleibt doch unleugbar ein Defizit an Gleich=
stellung, ein Rest von Nichtachtung. Es ist

charakteriſtiſch, daß irgend ein Blauſtrumpf ſich
heutzutage noch erlauben durfte, in einer ihrer
Schreibereien, vom moraliſchen Niedergang ihres
Helden ſprechend, als Kataſtrophe ſeines Schickſals
anzuführen:

„Man glaubt, es ſei noch ſo weit mit ihm
gekommen, daß er Kellner — ſchließlich Schau=
ſpieler wurde.“

Das wirft Berge von Auszeichnungen um,
wenngleich es nur die Aeußerung eines Blau=
ſtrümpfleins iſt — und giebt trotzdem zu denken;
denn nicht der kleine, beſchränkte Menſchen=
verſtand, ſondern die Literatur, die Journaliſtik,
in deren Händen die Führerſchaft, die Bildung
des allgemeinen Urtheils liegen ſollte, bricht
nicht ſelten ſo den Stab, und das am liebſten,
wenn ein Schauſpieler ſich einmal geſtattet, eine
literariſche Gaſtrolle zu verſuchen. Wir begehren
wahrlich nicht, neben dem Dichter zu ſtehen, ob=
wohl es ohne die Schauſpieler um zwei Dritt=
theile unſerer heutigen dramatiſchen Dichtungen
wohl übel beſtellt ſein dürfte — aber uns ſo
gerade nur den Handlangern gleichſtellen, heißt
denn doch Beſchränktheit und Ungerechtigkeit zu
weit treiben. Und die nörgelnde Discuſſion
unſerer Tage hat doch noch mehr herausgefunden!

Sie betrachtet uns gelegentlich als Schemen, denen naturgemäß das Mark des Charakters fehlt, und der berufene Schriftsteller hält uns drohend seinen Gänsekiel entgegen mit der Devise: Noli me tangere! Als ob ein Jeder, der berufsmäßig schreibt, nun auch wirklich Schriftsteller von Beruf wäre, woran zu zweifeln doch wohl hin und wieder nicht ganz unerlaubt sein dürfte!... Wie? Daß sich glorreiche Erscheinungen in der Literatur wie Shakespeare, Molière, ferner Schröder, Iffland, Eduard Devrient u. A. m. erdreisteten, auch Schauspieler zu sein, das möchte ich gar nicht einmal erst erörtern. Pro domo aber kann ich bei der Gelegenheit gewiß nicht sprechen, denn ich erhob niemals ein Anrecht, mit der Feder irgend welchen Erfolg zu erzielen. Und nun sollte ich mich tollkühn vor die große Vehme stellen, die über die schreibenden Schauspieler zu Gericht sitzt?....
    Doch ich höre sie schelten. Und mit gewohnter Schneidigkeit werfen Sie mir ein, daß Einer, der sich die Welt besieht und des Interessanten Mancherlei erlebt, denn doch das Recht habe, den zu Hause Gebliebenen auch davon mitzutheilen. Das ist nun freilich ein Argument, vor dessen einfacher Logik alle Bedenken

niederducken, und ſo lade ich Sie ein, Verehrteſte,
mir kreuz und quer durch die Union zu folgen:
Vom Schiff in den Dampfwagen, von Oſt nach
Weſt, aus dem Thal auf die Berge. Und wenn
Sie meinen, an irgend einem Punkte gemüthlich
auszuraſten, dann tönt das Signal, und weiter
geht es, immer weiter, vom Atlantic bis zum
Pacific — „ohne Ruh, immer zu!" Und weſt=
wärts geht der Zug durch die amerikaniſche
Wüſte, durch der Prärien endloſe Eintönigkeit;
ſo Tag wie Nacht. Wir kreuzen durch des Salz=
ſees legendenumwobene Ufer, wo das Chriſten=
volk wohnt mit der Türkenmoral, und weiter
geht's hinauf zur Höhe der californiſchen Alpen,
die das Dampfroß nur keuchend erklimmt. Eine
zweite Sierra Nevada umfängt uns, Prairie und
Urwald, Bergſtröme und Waldſeen, und alle
Zauber der Natur begegnen dem entzückten Auge.
Und wir hören die Botſchaft vom Joſemite=Thal,
dem Paradies der Erde, und erſt an San Fran=
cisco's goldenem Thor, im Angeſicht der neuen
Sieben=Hügelſtadt, machen wir Halt.

Sie ſehen, die Wanderung iſt haſtig und
unruhevoll, aber beklagen dürfen Sie ſich darüber
nicht bei mir, ſondern bei dem „Manager",
dem ich mich durch einen unglückſeligen Vertrag

verschrieben hatte, wie Doktor Faustus dem
Mephisto. Ja, glauben Sie's nur, Verehrteste:
Das schnelle Bühnenleben unserer Tage ist in
keinem Lande der Welt gemächlich und bequem,
aber das Leben des amerikanischen „star", der
von seinem Manager, einem Stück Waare gleich,
durch die ganze Union geschleppt wird, ist das
bedauernswertheste von allem . . .

„Von seinem Manager?" fragen Sie. „Was
ist ein Manager?" . . . Und seufzend schicke ich
mich an, Ihnen über diese amerikanische Abart
des Impresario Bericht zu geben.

Ein Manager ist ein höchst merkwürdiges Ge=
schöpf. Es ist ein Mensch, der das, was er eigent=
lich gelernt hat, nicht besonders kann, und darum
besser thut, Andere, die wirklich etwas leisten,
für sich arbeiten zu lassen. Er legt freilich nicht
die Hände in den Schooß, sondern nimmt viel=
mehr die Lärmtrompete zur Hand und bläst
hinein, so nachdrücklich, so unermüdlich, daß all=
gemach die Luft widerhallt vom Echo seiner
Signale. Und das Volk weit und breit, dieses
Tons gewohnt, spitzt die Ohren und sammelt
sich; es eilt herzu, wird festgehalten und —
besteuert. Ist das geschehen, so verschnauft der

Alarmbläser, und rüstet sich zu neuer That an anderm Ort . . .

„Manager" ist zu übersetzen etwa mit Ge= schäftsführer; aber das, was wir uns im Deutschen bei dem Worte denken, ist entfernt nicht dasselbe, was es drüben bedeutet. Bei uns repräsentirt dieses Amt die solide Verwaltung, die gewissen= hafte Handhabung eines größeren, fest fundirten Unternehmens, und wer solchem Amte vorsteht, wird entsprechend besoldet, auch wohl mit einem Antheil am Reingewinn des Unternehmens be= dacht. Daß Einer sich gründlich versteht auf die Handhabung eben dieses Unternehmens, ist oberstes Erforderniß. Anders drüben. Menschen, die irgend wie und irgend wo Schiffbruch gelitten haben, stürzen sich auf ein „Geschäft" als gute Prise; sie verstehen nichts, gar nichts davon, sie nehmen nur den Mund voll, das ist Alles. Mit einem bestimmten, nach Verdienst bemessenen Ge= halt sich zu begnügen, ginge gegen Würde und Interesse — und vierzig Prozent Tantième, das sind die bescheidenen Bedingungen, unter denen der Manager nicht pactirt. Er hat auch die Species der „stars" erfunden und „gemacht". Damit das Unternehmen lucrativ werde, sammelt er eine gute Menge kleiner Leute unter seine Fahne,

denen er als Lockvogel oder Flügelmann eine
Capacität einreiht; dann stellt er keck sich selbst
an die Spitze dieser Schaar, wenn er auch vom
Commando keine Ahnung hat. Seine ganze Taktik
ist die, Lärm zu machen, so viel Lärm, daß den
Leuten die Ohren weh thun. Probatum est!
Zu den Lärmsignalen, die man zusammen-
faßt unter den Begriff „advertisement" (bei uns
nennt man's weniger hübsch, obgleich es viel
harmloser ist — „Reclame") gehört nun zunächst
die Bearbeitung der „Fachpresse". Ich brauche
nicht zu sagen, daß die amerikanischen Zeitungen
ersten Ranges, wie die der ganzen Welt, allen
derartigen Manövern fern blieben und bleiben.
Aber ein geringeres Genre der gedruckten Nach-
richten, das ich die theatralische Reptilienpresse
nennen möchte, bietet den Evolutionen des ge-
schickten Managers das ergiebigste Feld. Es giebt
einen Kaufpreis für das Urtheil dieser Leute und
diesen zahlt der Manager, d. h. er legt ihn aus,
und läßt ihn den Künstler mit Wucher heimzahlen.
Wer nicht zahlt, ist überhaupt ein todter Mann.
Zahlung begehrt man aber nicht nur für eigenes
Conto, sondern auch noch zur Verunglimpfung
des Andern, des „Concurrenten"! So wird der
eine Part in den Himmel erhoben und des An-

deren Name und Erfolge werden in Fetzen ge=
rissen, oder — wenn das durchaus nicht thunlich
— doch hämisch bemängelt und herabgesetzt.

Merkwürdig ist die Stellung des Publicums
zu diesem Manöver. Es glaubt daran! Die
Presse ist eben in Amerika für alle Schichten der
Bevölkerung Evangelium und Lehrkanzel. Auf
die „Papers" legt der Laie voll Zuversicht die
Hände und schöpft aus ihnen Offenbarung. Das
anmaßendste Urtheil ist sicher, von der halben
Intelligenz, von der naiven Urtheilslosigkeit der
Menge, adoptirt zu werden. Was bei uns nur
noch auf Jahrmärkten und in Thierbuden land=
läufig ist, was nur Ausschreier und Circus=
clowns an Rodomontaden aufbieten, das Alles
wird mit Geschick und Erfolg vom transatlan=
tischen Manager in Scene gesetzt. Mit mehr
oder weniger Geschick, darauf kommt's an. Rossi
sagte mir gelegentlich:

„In Amerika bedeutet bei einem Gastspiel
der Manager Alles, der Künstler nicht viel mehr
als nichts. Herr X. oder Y. kann durch die
Kunst des Annoncirens für das Publicum zum
Range eines ersten Künstlers erhoben werden,
während ein wahrhaft bedeutender Künstler durch

Ungeschicklichkeit oder Sparsamkeit des Managers zum Popanz begrabirt wird." ...

Er hat Recht! Auch die unvergleichliche Patti, die als geborene Amerikanerin doch etwas voraushaben sollte, mußte gleich andern Sterblichen Tribut zahlen. Ihr erstes Concert in Steinway Hall wurde kurz und ohne weiteres Brimborium annoncirt und — blieb leer. Die folgenden auch. Von der „kleinen Presse" mußte sie sich sagen lassen, „sie sänge immer falsch, sie habe überhaupt als Sängerin gar nichts gelernt." Da nahm sie nolens volens (wohl mehr nolens) einen Manager, der 40 Procent ihrer Einnahmen einheimste, und sie war wieder die große Patti, als welche wir sie kennen. Und „viel Volk" strömte ihr zu. Zur selben Zeit ward eine Operettensängerin von ihrem Manager als „erste Künstlerin der Welt" die ganze Union auf und ab und ab und auf spazieren geführt.

Eine weitere Serie wirksamer Reclamemittel umfaßt der Bilderdienst. Hunderte von großen Photographien, in allen Characteren, Stellungen und Lagen des Lebens, liegen in allen Schaufenstern aus; lithographirte Abbildungen mit einem oft recht gut erfundenen curriculum vitae werden als Beilagen den Tages=

blättern zugegeben. Neben den bekannten Per=
sönlichkeiten der Tagesgrößen in allerlei Format,
erscheinen riesengroße Bilder gänzlich unbekannter
Helden.

„Wer ist der Mann?" fragte ich.

„Der Manager von Rossi oder Booth."

„Wen interessirt solch' Bild?"

„Ihn selbst natürlich!"

Die hohe Schule der Annoncirkunst umfaßt
endlich Sammlungen von Anekdoten, Erzählungen
nie erlebter Abenteuer, Schilderungen von Dieb=
stählen, Eisenbahnunfällen und allerlei ähnlichen
Schrecknissen, die der star durchgemacht haben
muß, um interessant zu werden. Die Phantasie
hat den weitesten Spielraum und der Regen=
wurm wird meisterlich zur Riesenschlange aus=
geweitet. Auch Mühen und Gefahren werden
dabei nicht gescheut. So stand am gefährlichen
Absturz des Niagarafalls mit weißer Oelfarbe
auf schwarzen Felsen gepinselt — was meinen
Sie? Kieselack? — Nein! aber „Sozodont und
Marie Geistinger . . ." Manager hip, hip,
hurrah!

Die Aufgabe des Managers wird compli=
cirter und seine Talente sind berufen, im hellsten
Lichte zu strahlen, sobald eine Concurrenz zu

beſeitigen, ein Rival aus dem Felde zu ſchlagen
iſt. War er ſonſt nur Herold, ſo wird er nun
Parteigänger, und Angeſichts des Nebenbuhlers
rüſtet er ſich zum Turnier. Der Kampf beginnt,
Fanfaren künden den Anfang. Sicheren Schrittes
meſſen ſich die Gegner, mit feſtgeſchloſſenem Viſir
und eingelegter Lanze ſtürmen Beide aufeinander
los, — dann Hieb und Stich, bis Einer am
Boden liegt. Wehe dem, deß Sache unter dem
Patronate des Ueberwundenen ſtand! Der Ritter
von der traurigen Geſtalt zieht ihn unfehlbar
mit in ſein Verderben. Iſt der Ausgang minder
tragiſch und bleiben die Helden, die hoch zu Roſſe
ihr Spiel begonnen haben, beide im Sattel, ſo
ſind immer neue, ewig wechſelnde Ausfälle die
einzigen Chancen des ermüdenden Spieles. Un=
willkürlich fragt man nach dem Kampfpreis. Iſt
es der Lorbeer, der unvergänglich? Nein — der
Dollar!

„Und wir ſpielen doch in Deutſchland auch
Comödie, und die Wanderſpiele beſonders ſind
an der Tagesordnung: Warum geht es denn bei
uns ohne Manager?“ höre ich Sie fragen.

Weil die Civiliſation eine andere und durch
ſie eben die Menſchen auch durchaus andere ſind.
Wohl giebt es bei uns, gleich den Impreſarien

italienischer Opern und den Directoren wandern=
der Gesellschaften in den Provinzstädten Frank=
reichs, sachkundige Leiter, die sich an die Spitze
eines künstlerischen Unternehmens stellen und es
mit sicherer Hand zu gutem Ende führen. Ich
erinnere nur an Pollini und Angelo Neu=
mann. Aber gerade diese illustriren den Unter=
schied. Die künstlerischen Leistungen, die unter
ihrer Initiative zu Stande kommen, sind die
Hebel des Erfolges, und nicht wie drüben die
Geschäfts=„Mache“, durch die der größte Schreier
den besten Platz erobert. Ich erlebte während
meiner Anwesenheit in Newyork, daß ein Ele=
phant, den ein findiger Manager durch Amerika
führte, daselbst in Kürze 50,000 Dollars „ver=
dient“ hatte. „Großer Elephant — kleiner
Haase!“ dachte ich bei mir! Das ist characteristisch
für Amerika und für den Manager! Hier heißt
die Parole des Tages: „Alles ist Geschäft und
die Kunst ganz besonders!“ Wie Viele wären
daheim geblieben, hätten sie es gewußt, denn es
giebt in der That noch Menschen, deren Ideal
nicht der Dollar allein ist.

In Demuth Ihr

Friedrich Haase.

II.

Bunte Eindrücke.

Erſcheinungen wie der Manager, verehrte Freundin, den ich Ihnen in meinem vorigen Briefe‑geſchildert habe, kann man nur völlig verſtehen lernen, wenn man den Boden des Landes betrachtet, auf welchem ſie emporge= wachſen ſind. Wer Amerika zum erſten Mal betritt, wird geblendet von der Großartigkeit des Weltverkehrs, der ihm entgegentritt. Alles iſt Leben und Bewegung, jede Schranke geſtürzt, die ſtolzeſte Selbſtherrlichkeit in jedem Athem= zuge — und doch dahinter die tiefſte Knecht= ſchaft; denn der allmächtige Götze iſt der Er= werb. Wer freilich näher zuſieht und wen die Aeußerlichkeit der Dinge nicht mehr wie Anfangs in athemloſem Staunen hält, der lernt auch die Triebkraft im Volke würdigen und verſtehen und erkennt, wie die Jagd ‑ nach Gewinn, die alle Sphären durchdringt, unter der Wucht der Verhältniſſe doch nur eine Pflicht der Selbſt= erhaltung iſt, denn es giebt keine Tradition,

auf der man weiter bauen könnte. Das Recht
der Exiſtenz, das vielumſtrittene, hat Jeder erſt
neu zu erobern.

Was nun hier bei jedem neuen Einblick
und auf allen Gebieten als unterſcheidendes
Merkmal, als die eigentliche Signatur für ame=
rikaniſches Weſen dem europäiſchen gegenüber
ſich dem Fremden aufdrängt, iſt die unbegrenzte
Freiheit der Bewegung. Jeder kann Jedes wer=
den und Alles erreichen. Es giebt keinen Rang=
unterſchied. Der Miniſter von heute wird morgen
Journaliſt. Der Farmer, der ſich ſein Block=
haus ſelbſt gezimmert, wird Präſident. Ein
Kammerherr aus der alten Welt iſt in der neuen
Zollbeamter, ein Mann von adeliger Familie
Tramwayconducteur, und Alles in Ehren; denn
das Geſindel, das in Amerika mehr noch denn
anderswo „kreucht und fleucht", iſt doch licht=
ſcheu und wirkt nur im Dunkeln ſeine ſeltſamen
Gewebe.

Auf keinem Gebiete giebt es aber für den
Europäer ſo viel des Staunenswerthen, wie auf
dem der Religion, des Gottesdienſtes. In
Newyork wird in keinem Theater Sonntags
geſpielt, in San Franzisko gerade am Sonntag.
In Brooklyn, das übrigens früher ſchon um

der Abenteuer eines seiner geistlichen Herren
willen eine bedenkliche Rolle in der chronique
scandaleuse spielte, hat ein Prediger, De Witt
Talmage mit Namen, in der großen Kirche
„Tabernacte" eine Art Emporbühne herrichten
lassen, auf der er allsonntäglich spielt — ver=
zeihen Sie, ich wollte sagen „predigt". Er rast
umher, fördert in den seltsamsten Stellungen
seine emphatischen Worte zu Tage, erörtert
politische Fragen, macht Witze über Tages=
ereignisse, und wird von dem dankbar ergriffenen
Publikum — immer in der Kirche — mit
dauerndem „Applaus" für solch verletzendes
Gebahren belohnt. In die Liturgie hinein klingt
schmetternd ein Cornet à piston, und das geht
doch selbst über die Troubadour = Musik in
italienischen Kirchen. Ein anderer ehrenwerther
Herr und grimmer Feind des Vorigen, ein
Kämpe des Atheismus — Bob Ingersoll ge=
nannt — predigt nur gegen Entree. Einen
Dollar pro Person, Parquet und Loge ein Preis, —
wie gefällt Ihnen das? Dem gegenüber erscheint
das Faktum, daß einer der Oberpriester am
Salzsee auch noch Mehlhändler ist, eigentlich
recht harmlos.

Alles strebt heraus aus seiner natürlichen

Begrenzung, auch die Frauenwelt, die nicht
sowohl, wie man glauben möchte, an Eman=
zipationssucht, als an Frühreife leidet. Das
zwölfjährige Mädchen ist eine Dame oder möchte
es wenigstens sein; Alles, nur nicht Kind, nicht
abhängig. Größenwahn auf allen Gebieten!
Gleichberechtigung ist das geflügelte Wort, dem
das Ohr jede Stunde ein Dutzend Mal begegnet,
dunkel aber ist der Begriff, der dahinter steckt.
Kein Mensch, der eine Arbeit für Sie thut, auch
der Dienstmann nicht, den Sie von der Straße
holen, dankt Ihnen für den Lohn, mit dem
Sie's ihm vergelten, oder lüftet die Mütze, um
sich zu empfehlen. Er ist ein Gentleman, ist
Ihresgleichen. Es war ein Tauschgeschäft,
nichts weiter. Kaltblütig fordert er einen hohen
Preis für geringe Mühwaltung, steckt gleich=
gültig seinen halben Dollar ein und geht als
Gentleman wieder von dannen.

Als die unangenehmste Spezies dieser
„Bürger eines freien Staates“ ist mir aller=
orten der Barbier erschienen, dieses nothwendige
Geschöpf, das gewöhnlich deutsch und englisch
gleich abscheulich spricht, und aus Modethorheit
oder besser aus elender Charakterlosigkeit obenein
seine deutsche Herkunft oft frech verleugnet. Solch

ein Kerl traktirt den Kopf des Bebärteten eine
ausgeschlagene halbe Stunde lang wie einen
Kürbis, weil die amerikanische Rothhaut sonst
nicht an seine Fürtrefflichkeit glaubt, er befeuchtet
schließlich das Gesicht des Tiefbeklagenswerthen
mit einem spirituösen Wasser, legt dann ein
Handtuch auf Auge, Mund und Nase, daß man
zu ersticken meint, raspelt so sekundenlang über
das ganze Gesicht und verlangt am Ende herab=
lassend fünfzig Cents, d. i. 2 Mark. Dafür ist
man dann allerdings nicht selten auch schlechter
rasirt, als in irgend einem Dorfe Europas . . .
Nichts für ungut, meine Liebe!

Das Vollblut=Amerikanerthum kennzeichnet
sich mit einem einzigen Begriff. Es ist „smart“!
Ein gefährliches Wort: Es bedeutet etwa: ge=
schickt, gescheidt und verschlagen, soweit es er=
laubt ist, d. h. erlaubt eben nur dort. Hier zu
Lande würde die schlechteste Hälfte dessen, was
ich dort als „smart“ bezeichnen hörte, als be=
trügerisch und infam verurtheilt werden, denn
derjenige, der smart ist, kümmert sich nicht um
die Schädigung, den Untergang des Andern:
Glücklich ist er, wenn die „Schiebung“ gelingt,
und am „smartesten,“ wenn der Andere über=
vortheilt und verdrängt wird.

Der anſtändige Fremde iſt dieſen Praktikern
gegenüber faſt machtlos; allmächtig iſt nur die
Polizei. Aber es iſt eine Allmacht ſeltſamer
Art. Wird Ihnen z. B. ein Koffer geſtohlen,
ein Lieblingsdiebſtahl „drüben", ſo brauchen
Sie ſich nur an die Polizei zu wenden, fünf=
undzwanzig Dollars zu verſprechen — für die
Bemühung natürlich — und morgen haben Sie
den Koffer im Hauſe. Und da ſagt man noch,
es gäbe keine Bündniſſe mit dem Teufel! Cor=
ruption aller Enden! Wer am beſten zahlt,
trägt den Sieg davon und behält Recht; jedes
andere Recht iſt beinahe illuſoriſch. Wer die
„Geheimniſſe von Newyork" ſchriebe, wie ſeiner
Zeit Eugen Sue die Pariſer Myſterien, der
könnte ein Vermögen gewinnen und wäre „smart"
im verwegenſten Sinne.

Aber nun, meine liebe Freundin, habe ich
lange genug unfreundliche Bilder heraufbe=
ſchworen, und die große Weltſtadt repräſentirt
denn doch in ihren Spitzen eine Summe von
Intelligenz und Vornehmheit, die auch dem ver=
wöhnteſten Europäer imponiren muß. Welch'
edle Geſelligkeit begegnet uns in den Häuſern
der Geiſtesariſtokratie, welch' reiche Herzens=
bildung in ihren Familien! Die großen New=

Yorker Zeitungen ſind Ihnen ja wohl nicht un=
bekannt; auch in ihnen weht ein Parfüm ariſto=
kratiſcher Vornehmheit, das für manchen ſonſtigen
republikaniſchen Auswuchs wohl entſchädigen
kann, und nicht ſelten tritt der einzelne Gebildete
oder Gelehrte hier und da durch Correſpondenz
auch dem fremden Künſtler näher. Wie fein=
fühlig tritt dann das Urtheil hervor und er=
friſcht das Herz durch geiſtvoll motivirten Tadel,
oder fein unterſcheidendes Lob.

„Und die Theater?“ hör’ ich Sie fragen.
Im Allgemeinen entzückten ſie mich nicht ſehr.
Nur eines muß ich Ihnen ſchildern; es ſchwebt
mir vor als Ideal für ein etwaiges Zukunfts=
Theater. Nach dem Platze, auf welchem es ſteht,
heißt es „Madiſon=Theater“. Leider iſt
es für deutſche Comödie nicht zu erlangen. Es
werden engliſche Ausſtattungs=Stücke dort ſehr
gut geſpielt, meiſt Melodramen. Sehen Sie ſelbſt!
Ich denke, es gefällt Ihnen auch.

Ein freundliches Haus von mäßiger Größe,
discret und ſtilvoll ausgeſtattet, in warmen
dunklen Farben, mit altdeutſchen Gittern aus
Nußbaumholz, die man öffnen und ſchließen
kann. Als hätte der Baumeiſter Studien in
Bayreuth gemacht, ſo iſt mit ausnehmendem

Geſchick das Orcheſter, welches im Schauſpiel
ja ohnehin die untergeordnete Rolle ſpielt, ganz
oben hinter die Vorhangs-Soffitten verlegt, von
wo aus die Muſiker ungeſehen ihr Werk voll-
ziehen. Im Raume des Orcheſters aber erhebt
ſich eine Blumenterraſſe aus tropiſchen Gewächſen,
die zu dem wundervollen prächtig geſtickten Vorhang, dem glänzenden Oberlicht, dem äußerſt
geſchmackvollen Arrangement der Bühne auf's
Glücklichſte ſtimmt. Das Theater iſt ſehr hoch,
obwohl es nur zwei Ränge hat, aber gar nicht
tief, und ſo bleiben die Zuſchauer auf allen
Plätzen in unmittelbarer Fühlung mit der Bühne.
Was Darſtellung und Wirkung damit gewinnen,
können Sie ſich denken. Das Parquet ſteigt
amphitheatraliſch ſteil auf bis zum erſten Rang,
und unter dem Parquet liegen nach den Aus-
gängen zu Kaſſen und Bureaux, Entrees und
Gänge. Ebenſo practiſch und geſchickt iſt durch
zahlreiche einzelne Gasſtänder für Beleuchtung
der Niſchen und Nebengemächer geſorgt. Auch
der Feuersgefahr war man eingedenk, wie in
faſt allen amerikaniſchen Theatern; — allerdings
erſt nach der entſetzlichen Wiener Feuersbrunſt.
Je vier Ausgänge münden rechts und links un-
mittelbar auf die Straße, doch dürfen ſie eben

nur bei Gefahr mit den daneben hängenden
Schlüſſeln geöffnet werden; für den Fall der
Noth — erſchrecken Sie nicht — hängt neben
jeder Thür auch ein blankes Beil! Das Hübſcheſte
aber iſt die Methode für Verwandlungen. Dieſe
geſchehen mittelſt des Elevators, welcher geſtattet,
ein Zimmer mit tauſend Luxusgegenſtänden,
deſſen Arrangement während des Spiels in der
Verſenkung auf einem zweiten Podium fertig ge-
ſtellt wird, in der Zeit von kaum einer Minute
auf die Bühne zu heben. Welche Errungenſchaft
für das moderne Converſationsſtück! Und wie
ſchade, daß für die Toiletten-Verwandlungen
der Damen (mitunter auch der Herren) nicht eine
ähnliche Vorrichtung möglich iſt. Wie manches
Stück ſtarb nicht an ſeinen ewig langen Zwiſchen-
akten!

Ein Scharfrichterbeil neben der Thür! Das
iſt Ihnen über den Spaß — wie? Nun, er-
holen Sie ſich alſo erſt — und in meinem
nächſten Brief mache ich Sie mit den amerikaniſchen Collegen vertraut.

Immer der Ihrige

Friedrich Haaſe.

III.

Unter Collegen.

Viel interessanter als die charakterlosen
Köpfe derjenigen, die sich drüben — nicht immer
mit Beruf — zu Fremdenführern für die Künstler
aus der alten Welt aufwerfen, ist die Physiog=
nomie der amerikanischen Bühnen selbst, sind
die Gestalten ihrer epochemachenden Mitglieder.
Eine Parallele zwischen dem, was dort Geltung
hat, und demjenigen, was in der Heimath als·
bahnbrechend gilt, findet reichen Stoff und er=
scheint vollberechtigt.

Wie in jedem Lande, das irgend welche
Spuren keimender Cultur aufweist, auch des
Theaterlebens Pulse zu schlagen beginnen, so
hat sich in Amerika — in dem zunächst Cultur=
völker der alten Welt, die Ureinwohnerschaft
verdrängend, sich seßhaft machten, um eine neue
Welt aus ihrer Vereinigung herauszuschaffen —
so hat sich drüben lange schon, und gleichen
Schritt mit anderem Fortschritt haltend, eine
specifisch amerikanische Bühnenkunst entwickelt,

die unter ihren Trägern Männer und Frauen
von großer Bedeutung zählt. Viele derſelben
haben ſchon in England, auf ſtammverwandtem
Boden, Zeugniß ihrer Meiſterſchaft gegeben;
einer, der gegenwärtig Bedeutendſte unter ihnen,
Edwin Booth, kommt Anfang nächſten Jahres
auch nach Berlin.

Edwin Booth iſt, ebenſo ſehr in Auf=
faſſung und Spielweiſe, wie durch die ganze
Führung ſeiner Künſtlerlaufbahn, der echte Typus
amerikaniſcher Bühnenkunſt. Seine Familie ent=
ſtammt engliſchem Boden. Sein Großvater,
Richard Booth, für die Rechtswiſſenſchaft er=
zogen, ging als begeiſterter Anhänger republi=
kaniſcher Ideen zur Zeit des großen Unabhän=
gigkeitskrieges nach Amerika; gefangen genommen
und nach England zurückgeführt, blieb er der
von ihm vertheidigten Sache unwandelbar treu.
Als Anecdote vererbt ſich der Umſtand, daß
einem Bilde des Generals Waſhington, welches in
ſeinem Zimmer den Ehrenplatz einnahm, von
jedem Eintretenden Reverenz bewieſen werden
mußte. Dem Einfluß dieſer excentriſchen Natur,
wie der großen Zeit, in der er zur Welt kam
und ſeine erſten Eindrücke empfing, dankt ohne
Zweifel Junius Brutus Booth, Edwins Vater,

(geboren 1796, geſtorben 1852) bekannt und
verehrt in ganz Amerika als der „alte Booth",
die Eigenart ſeiner Künſtlernatur. Er war der
Erſte ſeiner Familie, der ſich, nach mancherlei
Verſuchen in anderen Künſten, der Schauspiel=
kunſt widmete, und nicht weniger denn drei ſeiner
Söhne folgten ihm in dieſem Beruf. Unter ihnen
iſt Edwin, der mittlere, der „jüngere Booth"
genannt, der Berühmteſte.

Wir danken dem Fleiße ſeiner Schweſter,
Aſia Booth Klarke, eine ausführliche Biographie
vom Vater und Bruder. Der Schauspielkunſt
in irgend einer Art zu dienen, iſt in dieſer Fa=
milie völlig Tradition geworden, eine Tradition,
die nicht nur äußerſt fruchtbringend für die Fa=
milie, ſondern auch für die Entwicklung der
ganzen amerikaniſchen Schauspielkunſt wurde.
Das erinnert lebhaft an eine franzöſiſche Künſtler=
familie, deren Haupt Samſon war, Jahrzehnte
lang eine Säule der comédie française, während
eine ſeiner Töchter, gleich Aſia Booth, unlängſt
des Vaters Lebensgeſchichte herausgab, und eine
andere, die Gattin des unglücklichen älteren
Berton, der im Wahnſinn ſtarb, die Mutter
von Pierre Berton, eine der bedeutendſten Vor=
leſerinnen in Frankreich wurde. Wiſſen Sie

noch), meine Beste, wie wir selbander zu den
Conferenzen am Boulevard des Capucines ge=
wallfahrtet und andächtig zuhörten, wenn diese
seltene Frau geistvoll und feinfühlig über fran=
zösische Bühnenkunst und Künstler sprach? Auch
die Familie Devrient, holländischen Ursprungs,
aber von deutscher Erziehung, deren tüchtiger
Nachwuchs noch heute mit Auszeichnung auf der
deutschen Bühne thätig ist, weist in einer Ge=
neration drei Künstler auf, deren einer außer=
dem als Verfasser einer noch nicht übertroffenen
„Geschichte der Schauspielkunst" sich hervorge=
than. Durch nichts wird aber die Verschieden=
heit deutscher und amerikanischer Kunstübung
besser illustrirt, als durch den Lebenslauf dieser
Künstlerfamilien Booth und Devrient.

Liest man die Geschichten der Kämpfe und
Irrfahrten, mit denen die beiden Booth, Vater
und Sohn, ihre Laufbahn nicht nur begannen,
sondern fortsetzten und vollendeten, denkt man
der Anstrengungen und Opfer, die sie sich auf=
erlegt, der rastlosen und aufreibenden Thätigkeit,
die sie entwickelt, so muß man ihre Kräfte, ihre
Widerstandsfähigkeit mit einem Maße messen,
das bei uns völlig unglaublich erscheint. Welche
Vielseitigkeit, welche Fähigkeiten! Schon als vier=

undzwanzigjähriger Jüngling unternahm Edwin
Booth neben ſeiner ſchauſpieleriſchen Thätigkeit
eine Reviſion der theaterüblichen Texte Shake=
ſpeariſcher Stücke und ſtellte für eine ganze Reihe
derſelben übereinſtimmende, an die Original=
Ausgabe ſich lehnende Lesarten für die ameri=
kaniſche Bühne feſt. Er vervollſtändigte dieſe
kritiſche Ordnung, Sichtung und Wiederherſtel=
lung des Textes durch allerlei Notizen und Winke
über die ſceniſche Einrichtung der Stücke, der
er die minutiöſeſte Auswahl und Sorgfalt lieh.
Dieſe theatraliſch unendlich werthvolle Samm=
lung erſchien ſpäter unter dem Titel: „Edwin
Booth's Prompt Books" im Buchhandel und
wird auf allen amerikaniſchen Bühnen pietätvoll
als Muſter geſchätzt und benutzt.

Edwin Booth beſitzt in New = York ein ei=
genes Theater — das „Booth = Theater", an
Schönheit, Pracht, Würde und Styl ſeines
Gleichen ſuchend. Freilich ſtürzte den Künſtler
dieſer Prachtbau, der über eine Million Dollars
verſchlang, in die peinlichſte Verlegenheit, allein
ſtets waren es ſeine Energie und ſein Genie,
die ihm hilfreich waren. „Upland down" ſagen
die Amerikaner. Das Booth=Theater, deſſen
Bau die Zeit von zwei Jahren in Anſpruch

nahm, (es ſteht in Bezug auf Größe nur der
Pariſer großen Oper nach) wurde im Jahre 1869
mit Shakeſpeare's „Romeo und Julia" — zum
erſten Male in Amerika im Originaltexte —
eröffnet: Edwin Booth ſpielte den Romeo, ſeine
ſpätere zweite Frau, Miß Mac Vicker, die Julia.
Das Stück erlebte damals achtundfünfzig Wieder=
holungen.

Später ſcheiterte Booth pecuniär an den
Ausſtattungskoſten; er überließ die Verwaltung
des Theaters ſeinem älteren Bruder, was leider
an der Sachlage nichts beſſerte. Er ſelbſt be=
gann wieder zu gaſtiren, — als „star" erſten
Ranges die coloſſale Schuldenlaſt zu tilgen, die
jene Kataſtrophe des finanziellen Zuſammenbruchs
ihm aufgebürdet. Die Verehrung, die Edwin
Booth als Menſch und Künſtler in allen Staaten
Amerikas genießt, iſt beiſpiellos. Auszeichnungen
jeder Art werden ihm in allen Kreiſen der Ge=
bildeten zu Theil. In feſtlichen Verſammlungen,
die man in Amerika hervorragenden Gäſten zu
Ehren zahllos zu veranſtalten liebt, und die
durchaus den Character öffentlicher, officieller
Kundgebungen tragen, haben nicht ſelten Männer
der Wiſſenſchaft, politiſche Capacitäten, Geiſt=
liche, Rechtsgelehrte, kurz die erſten Geiſter der

Nation, Reden und Vorleſungen gehalten, um
ihn zu feiern, und die beſten kritiſchen Federn
des Landes haben über die Auffaſſung der von
ihm dargeſtellten Charaktere, beſonders über
ſeinen Hamlet ganze Serien von Eſſays geſchrie=
ben. Eine Sammlung ſolcher Eſſays, die ihrer
Zeit Aufſehen gemacht, iſt auch in Buchform er=
ſchienen, ihr Verfaſſer iſt Adam Badeau, während
des Bürgerkrieges Adjutant des General Grant
und ſpäter Biograph dieſes Präſidenten. Booth's
Jago, Richelieu und Hamlet haben mich entzückt,
ebenſo ſein Narr in „Fools revange“ (eine Nach=
bildung von Victor Hugo's: le roi s'amuse).
Booth's Hamlet=Darſtellung dagegen hat viel=
fältige Controverſen hervorgerufen, auch war er
es, der durch das ihm verwandte Genie Bogu=
mil Dawiſon's bewundernd angezogen, mit dem=
ſelben im Jahre 1866 im Othello ſpielte, in
jener Monſtrevorſtellung, wo Othello deutſch,
Jago engliſch, und Desdemona (Frau Methua
Scheller) abwechſelnd mit Erſterem deutſch, mit
allen Uebrigen engliſch ſprach! Seltſame Idee!
  Ich lernte Booth perſönlich kennen gelegent=
lich eines jener vorerwähnten Feſte, das man
uns Beiden zu Ehren in Delmonico Houſe ver=
anſtaltete. Eine moderne Hamletgeſtalt, mit

Augen, die glühen und ſeufzen, ſitzt er ſchweig=
ſam da, hört zu, nickt gelegentlich, raucht meiſtens.
Er erinnerte mich an Joſeph Wagner, einen
längſt verſtorbenen Hamlet des Burgtheaters.
Wenn Booth einmal ſpricht, ſagt er ſtets etwas
Bedeutendes; von ſeinem Vater redet er, wie
von einem Heiliggeſprochenen. Sein Organ iſt
etwas cassé, wie der Franzoſe zu ſagen pflegt,
darum ſucht und findet er auch nicht ſeine Stärke
in Lungenwirkungen, wie faſt alle übrigen nen=
nenswerthen amerikaniſchen Künſtler. Booth's
Hauptwirkungen wurzeln im Intellect, in ſeiner
ſeltenen Feinfühligkeit, vornehmlich aber in ſeinen
Augen. O dieſes Auge! Ich meine, ſolche Augen
muß Ludwig Devrient gehabt haben. Er ſchien
Gefallen an mir zu finden, ergriff oft meine
Hand, ſah mir lächelnd in's Geſicht und —
ſchwieg. Ob er mich ausgelacht hat, — weiß
ich nicht . . .
     Nächſt Booth — aber immer in Bedeutung
und Wirkung ein gutes Stück zurückbleibend —
iſt erwähnenswerth Lawrence Barret; fein
und geiſtvoll und einfacher als die meiſten mir
bekannt gewordenen „stars". Leſter Wallack,
vorzüglicher Converſationsſchauſpieler allerbeſten
Ranges, und John Gilbert, Darſteller alter

Herren, namentlich vornehmer, mit ſcharfer geiſt=
voller Charakteriſtik. Der Name Forreſt's,
eines ſehr berühmten Heldendarſtellers, lebt außer
in der Tradition noch in „Forreſt Houſe" zu
Philadelphia, das eine großartige Freiſtatt iſt
für invalide, ruhebedürftige Schauſpieler. Die
gewiß ſeltene Humanität dieſes Mannes ſetzte für
dieſes Inſtitut teſtamentariſch von ſeinem großen
Reichthum faſt gegen eine Million Dollars aus.
Deutſche Schauſpieler dürften kaum in dieſe be=
glückende Lage kommen. — Es lebe das Genie —
und der Manager!

Unter den Frauen iſt ein bedeutender star
eine Vertreterin des alten Theaternamens Daven=
port, ein anderer — ſtaunen Sie über das Wie=
derſehen — Fanny Janauſchek, die ſo ſehr
Amerikanerin geworden, daß man ihr Deutſch
jetzt ſchwer verſteht, wohl weil ſie von Geburt
eben nicht Deutſche, ſondern Czechin war und
den Beſitz der einen fremden Sprache nur gegen
den der anderen ausgetauſcht hat. Sie wird in
Amerika hoch geſchätzt und verdient es ſicherlich.

Was außer dem Bereich der stars in dem
auch ſonſt nicht gleichwerthigen Enſemble ameri=
kaniſcher Bühnen zur Geltung kommt, kann ich
ſo recht eigentlich nur als „Schauſpielerei" be=

zeichnen: äußerlich gemacht, auf äußerliche Wir=
kung zugeſchnitten und zugeſpitzt. Ich weiß nicht,
ſind die Künſtler Urſache des verwilderten Ge=
ſchmacks oder leiden ſie nur unter ſeinen Wir=
kungen. Aber ich habe mich durch den Augen=
ſchein davon überzeugt: wer drüben die beſte
Lunge hat, der iſt eigentlich der beſte Schau=
ſpieler. Die große Menge verſteht und will
wohl auch ſo recht eigentlich nichts Anderes.
An Darſtellern, die auf Charakteriſtik Werth
legen, geht ſie zumeiſt theilnahmslos vorüber,
oder dieſelben werden doch nur von Wenigen
verſtanden und vermögen ſich auch keinen eigent=
lichen Namen zu erwerben. Das Beſte wird
oft für nichts erklärt, weil es zu einfach iſt, zu
künſtleriſch. Lungenwirkungen aber ſind allezeit
ihres Erfolges ſicher; darum verſchmähen es
auch bedeutende Darſteller ſelten, nach großen
leidenſchaftlichen Tiraden ſich das Anſehen ſtarker
Erſchöpfung zu geben, um einen Appell an ge=
hobeneren Beifall zu üben, — ein Manöver,
das nie mißlingt, und das mir ſchon in London
nicht angenehm auffiel. Ich denke, bei uns in
Deutſchland iſt die Zeit dahin (?), wo derlei
wüſtes „Stolziren und Blöken", wie Shakeſpeare
ſagt, noch Erfolg haben könnte. Schauſpieler

wie John, Mac Kullough, ein gefeierter
amerikanischer Tragöde, sind bei uns unmög=
lich (?). Sein Spiel als Spartacus im „Gla=
biator" war geradezu widerlich, seine Sprache
nur ein fortgesetztes Grunzen und Gurgeln; denn
das früher gewiß umfangreiche sonore Organ
hat er sich längst fortgebrüllt. Aber er verstand
es doch, künstlich Theilnahme hervorzurufen,
und versetzte das unverständige Publikum in
einen Rausch des Entzückens. Alles schwelgte
in Begeisterung, und selbst die Presse brachte
nicht selten lange Spalten des Staunens, der
Bewunderung ob solcher Leistung. In Berlin
würde ein solcher Schauspieler gerade zusammen=
gelacht werden.

Und nun, beste Freundin, stellen Sie sich
einmal Ihren ergebenen Freund inmitten dieses
gewaltigen Tohuwabohu vor. Sie wissen es,
ich habe über keine allzu ausgiebige Lunge zu
verfügen. Auch habe ich die Bühne niemals
als einen Schauplatz für tours de force ansehen
gelernt. Mein Kampf um Werthschätzung war
der schwierigste. Man brachte meinem guten
Namen, den ich während dreißigjähriger, ernst=
hafter Bestrebungen in Deutschland mir erworben
habe, wohl Achtung entgegen; allein die Eigen=

schaften gerade, die mir in der Heimath diesen
Namen gründen halfen, hatten anscheinend wenig
Aussicht im fremden Welttheil, über ein gewisses
Maß pietätvoller Würdigung und conventioneller
Achtung hinaus die Herzen zu erobern. Nun,
es ist doch gelungen! Und wie's gelang, davon
schweigt die Bescheidenheit

Ihres ergebenen

Friedrich Haase.

IV.

Amerikaniſche Wanderfreuden

Sie begreifen, verehrte Freundin, daß ich
ſchon nach einem flüchtigen Einblick in die Ver=
hältniſſe, die ich Ihnen geſchildert habe, nur noch
von dem Streben beſeelt ſein konnte, aus der
Sklaverei des Managerthums ſo ſchnell wie
möglich erlöſt zu werden und wieder zu den
Gewohnheiten deutſcher Kunſtübung zurückzu=
kehren. Sie werden dieſe Sehnſucht aber noch
mehr begreifen, wenn ich Ihnen von den künſt=
leriſchen Wanderfreuden erzähle, die man unter
der Führung ſeines Manager durchzumachen hat.

Mich führte das Fatum, in Geſtalt meines
„Pächters", im Chriſtmond von New=York aus
auf die Wanderung, die einen vollen Monat
währte, und nahezu ein Dutzend zum Theil ziem=
lich entfernt liegender Städte umfaßte. Dieſe
Reiſe durch die „Dörfer", wie man ſcherzhaft
die Städte im Weſten zu nennen pflegt, hat
nun faſt durchweg die demüthigendſten Eindrücke
hervorgerufen, die das Theaterleben mir jemals

bereitet. Ueberhastung der Vorstellungen unter
einem Manager, der seines Zeichens eigentlich
Baßgeiger war, in Theatersälen, die wohl in
früherer Zeit als Markthallen dienten — die=
jenigen Häuser, denen der Name „Theater" über=
haupt gebührt, viel zu groß, und nur für Opern=
Aufführungen brauchbar — die Orchester im
Werthe böhmischer Banden, die auf Jahrmärkten
umherziehen — dazu pfeifende Lokomotiven oder
auch schnatternde Gänse, deren Lärm wechsel=
weise durch offene Fenster bis in die Tabernakel
der Kunsttempel drang, — das war meisten=
theils die Scenerie. Unwürdiges Publikum, zu=
meist Männer, die nicht immer nüchtern, wohl
aber überwiegend ungebildet waren, unter den
Frauen nun gar thörichte Mütter, denen weinende
Kinder auf dem Schooße lagen, — das war
nicht selten die Staffage. So schritt der Künstler,
der sich unbesonnen seinem Impresario ver=
schrieben hatte, Abend für Abend auf seinem
Marterwege bis zur letzten Scene; es war oft
geradezu um toll zu werden.

Solche Irrfahrten sind nun freilich auch an
scherzhaften Episoden reich, und manch' lustiges
Stücklein wüßt' ich Ihnen davon zu erzählen.

In Brooklyn, wo wir den „Königs=

lieutenant" spielten, war die Bühne von der
Größe einer mäßigen Wohnstube, in meiner
Garderobe stand ein Bett, und daneben war die
Küche, die ihre zweifelhaften Wohlgerüche bis
auf die Bühne sandte. Denken Sie, — Thorane
in solcher Umgebung! Max Schulz, über den
die Berliner — Sie gelegentlich wohl auch,
Verehrteste — so manches Jahr gelacht haben,
spielte den Sergeanten Mack. Bei den Duodez-
verhältnissen der Bühne wollte es der Fülle
seiner Erscheinung nicht gelingen, sich durch die
schmale Pforte hinter dem Prospekt hindurch zu
zwängen. Eingeklemmt in fürchterlicher Enge
zwischen Thür und Wand, so blieb er hängen.
Es sollten Schüsse fallen — man hörte Trommel-
schläge, Regimentsmusik mußte einen Marsch
spielen, und eine einzige Trompete blies ein
Postsignal. Endlich, eine letzte Kraftanstrengung
und — knack — Schulz wand sich auf die Scene.
Er hatte mir zu melden, es sei der Marquis
mit „dem langen Namen", und als er nun statt
dessen in seiner Alteration gravitätisch zu mir
sagte: „Es war der „Mirqua mit den langen
Haaren" ... da war es aus mit Graf Thorane
und seiner Selbstbeherrschung; ein unüberwind-
liches Lachen bemächtigte sich meiner, ich konnte

nicht weiter spielen und der Vorhang mußte
fallen.

In Philadelphia spielten wir in der
Academy of Music, die 4000 Menschen faßt,
vor einem Publikum von etwa 1900 Personen.
Mein Wirth stellte mich hierüber folgendermaßen
zur Rede:

„Wie kann man, wenn man so Theater
spielt, wie Sie, es auf ein Paar hundert Dollars
ankommen lassen für Advertissement?! Sie
müssen wenigstens vier oder fünfhundert Bilder
ausstellen, sonst glauben die Leute nicht an Sie."

„So?" erwiderte ich, „nun, und Rossi,
der auch hier spielte und Bilder über Bilder
ausstellt, und trotzdem bei seltenster Genialität
seiner Darstellungen fast gar kein Publikum ver=
sammelt?"

„Ja — (Pause) — ja, sehen Sie, — den
versteht man aber auch nicht — der spricht
italienisch!"

In St. Louis frisirte mich ein Coiffeur,
der außer diesem Amt noch das eines ersten
Tenor, oder auch Baß — je nach Bedürfniß —
bei ambulanten Operettengesellschaften bekleidete.
Hielt ihn nun diese Seite seiner Künstlerschaft
Tage lang von St. Louis entfernt, so konnte

man ſehen, wo man mit dem Friſiren der Per=
rücke blieb; und kam er wieder und wir be=
handelten ihn etwa nicht als „Herr Kollege",
ſo ließ er uns einfach im Stich und die halb=
arrangirten Schauſpielerköpfe blieben unvollendet.
In St. Louis, im People = Theater, iſt mir's
auch begegnet, daß ein betrunkener Mohr, der
Theaterarbeiter war, in der erſten Couliſſe ein
Niggerlied ſang, während ich die Erzählung des
Narciß zu ſprechen hatte. Ich verſtand mein
eigen Wort nicht mehr; dazu ſecundirte ein
gleichfalls halb Berauſchter im Parquet, der zu
allen Sentenzen des Narciß ganz laut und kalt=
blütig ſeine Zuſtimmung gab mit einem „ſehr
wahr" — „ſo iſt es," oder „richtig," „all
right" und Aehnlichem. Sie werden mir auf's
Wort glauben, Beſte, daß ich unter ſo bewandten
Umſtänden oft außer mir gerieth. Denn ich bin
eben nicht gewohnt, daß Zuſchauer während der
Vorſtellung eine Zwieſprache mit mir halten.

Uebrigens wird es Sie intereſſiren, daß ad
usum Amerikas eine neue Auflage des „Nar=
ciß" mit verändertem Texte exiſtirt. Ein
früherer deutſcher Schauſpieler, Namens Band=
mann, der jetzt der engliſchen Bühne angehört
und mit Vorliebe den Narciß ſpielt, hat das

Stück für amerikaniſchen Geſchmack zugeſtutzt: Danach füllt den Pompadourakt, der im Garten ſpielt — zur Hälfte ein Ballet mit allen mög= lichen Chikanen. Am Schluß des Stückes hei= rathet Narciß die Quinault, nachdem er zuvor der Pompadour, die in ſeinen Armen ſtirbt, eine Ehrenerklärung gegeben, mit den Worten, ſie ſei denn doch ein „braves" Weib geweſen. Was ſagen Sie dazu?

In Cincinnati ſpielte ich den Klingsberg. Ein Bekannter im Parquet hört zwiſchen einem Ehepaar folgendes Geſpräch:

Er: „Warum lachſt Du nicht? Ich bin empört!"

Sie: „Weil ich nicht gleich Alles verſtehen kann. Ueberſetz' mir's, Alexander."

Und nun fängt der Gemahl an, zu über= ſetzen, was höchſt komiſch zur Folge hatte, daß die Frau immer einige Minuten ſpäter, als das übrige Publikum, ganz allein in helles Gelächter ausbricht. Das ärgerte denn nun den Mann, und er ruft vernehmlich:

„Es thut mir leid um den Dollar and half, Du haſt keinen Begriff von dem Spiel des Mannes."

„What do you say, Alexander?“ erwidert
ſie. „Ueberſetz mir, Alexander!“

In Chicago, von dem ich die angenehmſten
Eindrücke auf dieſer ganzen Wanderung empfing,
und wohin ich ſpäter wiederholt zurückkehrte,
brachte man meinen ernſten Rollen großes In=
tereſſe entgegen. Der Referent einer der erſten
dort erſcheinenden engliſchen Zeitungen äußerte
nach meiner Darſtellung des Shylock zu einem
meiner Freunde: „Das war der ſchönſte per-
formance, was ich noch hab' jemals mein Leb=
tag geſehen. Wie ich aber auch hab' gepufft
dem Haaſe, hab' ich gepufft noch niemals keinen
Actor.“ — Gepufft heißt nämlich „durch Re=
clame gefördert“… Und als Frau Geiſtinger
ſtatt einer Operettenrolle eines Tages ihre treff=
liche Adrienne Lecouvreur ſpielte, fragte ein Zu=
ſchauer im letzten Act des Stückes ſeine Frau:
„Nun ſage mir um Barmherzigkeit, wann
kommt denn endlich die Geiſtinger? Es iſt ja
noch kein einziges Couplet geſungen worden!“

Es wären noch allerlei ähnliche Curioſa
von amerikaniſchen Theaterabenden zu erzählen:
Wie während der Vorſtellung des „Königs=
lieutenants“ z. B. nach einer der halbfranzö=
ſiſchen Tiraden Graf Thorane's, ein Deutſch=

Amerikaner zu einem meiner Bekannten äußerte: „Das soll ein berühmter „german Actor" sein? Da red' ich ja besser deutsch wie er!" Und wie im Parquet, als ich den Hamlet spielte, bei Beginn des Monologs „Sein oder Nichtsein" durch lautlose Stille, von tiefster Baßstimme die Frage ertönte: „Ischt dees der Haase?" woburch der Monolog eine nicht unbedenkliche Schwankung erlitt. Aber solche lustigen Zwischen= fälle vermögen doch nur sehr vorübergehend über die künstlerische Ergebnißlosigkeit dieser Irr= fahrten zu täuschen. Auch dürfte es sicher eine höchst problematische Genugthuung für die übermenschlichen Anstrengungen bilden, die dem inneren und äußeren Menschen zugemuthet wer= den, wenn man so, wie ich, in Louisville vor schreienden Kindern in den Proscenium slogen den psychologischen Seelenzustand Lord Harleigh's auf der Bühne durchleben muß. Und als ich in Indianopolis den alten Subalternbeamten Jeremias Knabe in dem Lebensbild „Im Vor= zimmer Seiner Excellenz" gespielt hatte und andern Tages in einem dortigen Blatte als kritische Ausstellung lesen mußte: ich hätte mich „im Frack" nicht recht zu Hause gefühlt — da verließ mich wirklich auch der Galgenhumor.

Welcher geheimnißvolle Zug treibt trotzdem die Künstler immer wieder über das große Wasser? Ist es die ruhelose Wanderlust, die erst mit dem Leben erlischt? Das Eine fühle ich tief: Niemand zieht ungestraft über's Welt= meer und Keiner kehrt zurück, dem nicht der Täuschung bitteres Lächeln die Lippe umspielte. Was bedeuten künstlerische Siege, was materielle Erfolge gegenüber dem Gefühl tiefster Verein= samung, das uns vor Hörern überkommt, die nicht hören mit unserm Ohr, nicht sehen mit unseren Augen? Das Beste unserer Kunst geht da verloren: das geheimnißvolle Band fehlt, das sich von Herz zu Herzen webt, und wir fühlen von Neuem, daß unser Bestes doch im Boden der Heimath wurzelt ...

Endlich wurde ich frei und zog nun weiter gen Westen in's gelobte Land — nach Cali= fornien! Haben Sie den Muth, mich auch dort= hin zu begleiten, so gelangen Sie in den schön= sten Theil der Union. Wenn ein Fremder nach Boston, New=York oder Baltimore kommt, so hört er sofort die Frage: „Wie gefällt Ihnen Amerika?" Kommt er aber nach San Francisco, so fragt man nur noch: „Wie gefällt Ihnen Californien?" Im ersten Fall erwartet man

die Antwort, daß Amerika ein überwältigend
großartiges Land — im zweiten, daß Californien
ein Paradies sei. Und ein Paradies — das
ist es in der That, liebste Freundin, ein wahr=
haft gottgesegnetes Stück Erde, wo ich nach der
Mühsal der Bühnenwanderung die angenehmsten
Eindrücke und die fröhlichste Befriedigung ge=
funden. Davon Ausführliches in einem späteren
Briefe

Ihres getreuen

Friedrich Haase.

V.

New-Yorker Theaterverhältniſſe.

Es geht mit den Theatern, liebe Freundin, wie mit den Kleidern unſerer Frauen: ſie ſind der Mode unterworfen.

Die Oper hat — vor grauen Jahren denk' ich, — den Anfang gemacht mit jenen Wan= derungen über's Meer. Der Oper iſt das Wort nur Mittel, nicht Zweck, und die neue Welt war immer ſangesfreudig, wenn auch nicht=kundig. Das reicht ſo weit zurück, daß ſchon im Jahre 1852 ein Jenny=Lind=Theater in San Fran= cisco demolirt wurde, um an deſſen Stelle das Rathhaus der ſich verjüngenden Metropole auf= zubauen. Mit den großen Namen der engliſchen Bühne, welche die erſte Hälfte dieſes Jahrhun= derts illuſtrirten, Kemble und Kean, wie mit den Bannerträgern der ſpäteren Jahre — Fechter und Irving — bildete ſich eine rege Wechſel= wirkung in Vorbild und Rivalität heraus; auch Fréderic Lemaître, der Stützpfeiler der roman= tiſchen Schule für die Schauſpielkunſt in Frank=

reich), die Säule von Victor Hugo's Bühnen=
ruhm, wirkte in weiten Kreisen durch die Macht
seines Genius. Endlich trat auch die deutsche
Schauspielkunst ein in das Weltconcert. Das
Deutschthum wagte sogar, selbstständig im frem=
den Land den Wettstreit aufzunehmen — muthige
Kämpen zogen hinüber und Namen von stolzem
Klang halfen dem deutschen Schauspiel drüben
tief und dauernd Wurzel schlagen.

Der Boden war der denkbar günstigste. Die
Bevölkerung der neuen Heimath war stamm= und
sprachverwandt und besaß Tausende von deutschen
Ansiedlern, die ein immer wachsendes Contingent
dazu stellten, deren Theilnahme die deutsche
Bühne förderte und stützte, und deren Deutsch=
thum selbst hinwiederum im innersten Wesen
daran erstarkte. Ja, während die Schauspielkunst
anderer europäischer Nationalitäten, der Fran=
zosen und Italiener insbesondere (Rachel, Ristori,
Salvini, Rossi, Sarah Bernhardt) in Amerika
immer den Charakter des Episodenhaften be=
hielt, — so trat die deutsche Bühne in fast allen
großen Städten, zumal in den Centren des
Deutschthums — New=York, Chicago, San
Francisco — als stabile Macht auf, setzte sich
fest, breitete sich aus und errang sich immer

wachsende Geltung. Aber es war von Anfang
an ein Bruch darin: Die Speculation ging falsche
Wege, als sie das deutsche Reis auf den ame=
rikanischen Stamm willkürlich pfropfte und daß
nun eben die Speculation — oft die verwegenste
— es war, in deren unzuverlässigen Händen
dies Amt lag, das war der große Fehler. So
ist allmählich eine Verwilderung, ich möchte sagen
eine R a u b g i e r mächtig geworden, welche die
subalternen Elemente drückt und schädigt und
die auserlesenen Kräfte, die zur Führung berufen
sind, zum Spielball herabwürdigt und als gute
Beute ausnutzt.

Die Krisis ist nicht fern. Das Repertoir
der deutschen Bühnen, das zwischen mangelhaft
importirter Classicität, flüchtiger Tageswaare
und banalem Operettencultus planlos hin und
her schwankt; das Personal, das sich theilweise
aus den dunkelsten Existenzen zusammensetzt und
dem nur für einzelne Fächer talentirte Vertreter,
gleichsam als Schlaglichter, aufgesetzt werden;
das Publikum endlich, das, als urtheilslose
Menge am Gängelbande der Gewohnheit, des
Alltagsbedürfnisses, der bequemen Unterhaltung,
in den Tag hineinlebt — die Summe dieser
Zustände nährt gleichermaßen den Keim des Ver=

derbens, der ſtetig wuchert. Was noch fehlt,
thut der Manager. So kann nur eine gründ=
liche Umwälzung und dann ein Aufbau auf
wirklich künſtleriſcher Baſis geſunde Verhältniſſe
ſchaffen und eine gedeihliche Fortentwickelung
für die Zukunft anbahnen. Die Luſt am Fremd=
ländiſchen iſt ohnehin vorüber in Amerika, ganz
wie in Rußland. Die italieniſche Oper ſogar
mit ihren Geſangsſternen erſten Ranges hat an
Intereſſe eingebüßt. Was Wunder, daß das
deutſche Theater, auf das deutſche Publicum
allein angewieſen, durch Concurrenz erſchöpft, am
Boden liegt. Brechen dann Kataſtrophen herein,
wie der Wiener Theaterbrand, die weithin ihren
Schatten werfen, ſo herrſcht Panik und Demo=
raliſation an allen Enden.

Mir wurde etwas ſchwül zu Muthe, liebe
Freundin, als ich mich eines Tages dieſen berge=
hohen Hinderniſſen gegenüber ſah und mir der
Fährlichkeiten bewußt wurde, die es zu über=
winden hieß, um die Höhe zu erklimmen. Die
Manager des Thalia=Theaters machten überdies
gar kein Hehl daraus, daß ihnen jedes Mittel
recht wäre, um in den Sand zu rennen, was
durch den Manager des Germania=Theaters
nach Amerika berufen worden. Unter der Flagge

der Thalia sollten dann beide Bühnen durch fernere Stürme steuern. Arme Hascher! Es sollte anders kommen . . . .

Ich debütirte als Narciß, und dieser erste Abend gewann mir zu den alten Freunden, die mich weit über Gebühr begrüßten, eine stattliche Anzahl neuer Anhänger, deren reger Antheil mein künstlerisches Wirken fort und fort beglei= tete. Ich spielte noch manche ernste Rolle, wie denn diese Seite meines Repertoirs jenseits des Oceans zu viel höherer Geltung und größerer Anerkennung gelangte als in Deutschland. Diese Erscheinung erinnerte mich wieder lebhaft an die Zeit, von der ich Ihnen wohl schon erzählte, beste Freundin, wo ich im Münchener Hoftheater noch unter Dingelstedt's Führung thätig war und ganz in's tragische Fach gedrängt wurde. Hieß man damals doch auch weder eine Con= versations=Rolle noch eine humoristische von mir gut! Männer wie Professor Carrière gaben mir in der „Augsburger Allgemeinen" wieder= holt den Rath, mein Talent nicht zu mißbrauchen auf einem Gebiete, das mir allezeit fremd bleiben würde. Wer hat nun Recht? Wo liegt die Wahrheit? Wer mir's sagen könnte!

Ich glaube, daß ich derselbe in Amerika

war, als den Sie mich in der Heimath kennen,
und wie in der Heimath, stand mir auch auf
fremder Erde eine gläubige Gemeinde aller Orten
freundlich zur Seite, welche das business (des
Amerikaners höchster Begriff) will sagen: das
„Geschäft“ in erfreulicher Weise zeitigte. Ich
trat während meines Aufenthalts in Amerika
an hundert Abenden auf. Die Schauspielhäuser
sind nicht eben größer, als bei uns, die Ein=
trittspreise aber — namentlich für das Parquet
— meist um die Hälfte höher, und für den,
der amerikanisches Geld mit hinausnimmt, das
Agio ein bedeutendes. Der Dollar, nominell
drei Mark, gilt bei uns über vier Mark, also
wiederum ein Viertel Gewinn. So hat die
künstlerische Thätigkeit drüben ein um die Hälfte
höheres Erträgniß als in der Heimath, und bei
der Unermüdlichkeit im Spielen und der Hast
im Reisen, die dort üblich und leider noth=
wendig, hab’ ich in sechs Monaten erworben,
wozu ich in Deutschland wohl zweier ganzer
-Jahre bedurft hätte.

Für die Unternehmer solcher künstlerischer
Fahrten freilich gestaltet sich die Rechnung viel
weniger günstig. Trotz der reichen Einnahmen
wirkten beide deutsche Theater in New=York,

das Germania= und das concurrirende Thalia=
Theater, mit beträchtlichem Deficit, weil für
beide der Apparat ein viel zu complicirter und
die Kosten geradezu unerschwinglich waren. Hatte
das Thalia=Theater eine ganze Operetten=Gesell=
schaft mit Namen ersten Ranges außer dem
star Geistinger zu honoriren, so waren im
Germania = Theater in langer Reihe deutsche
Schauspielkräfte angeworben, für welche aus=
nehmend hohe Gagen das Lockmittel abgegeben
hatten. Und während es dem Thalia = Theater
immer wieder gelang, durch außerordentliche
Zuschüsse ein entstandenes Leck zu stopfen, hielt
sich das Germania = Theater nur einen Monat
noch nach meinem Fortgang im abgesteckten
Fahrwasser. Dann wurde ein gut Theil seiner
aus Europa verschriebenen Mitglieder gewaltsam
aus dem Engagement gedrängt. Man gab ihnen
ihre fällige Gage, und aus besonderer Gefällig=
keit noch ein Billet zur Rückfahrt. Man warf
den Ballast einfach über Bord und segelte weiter
durch Klippen und Untiefen, unbekümmert, ob
das Fahrzeug von Neuem ein Leck erhielt. Ein
warnendes Exempel! In Amerika fällt aber
dergleichen gar nicht auf. Wer in Geschäfts=
unkenntniß erstickt, wer der thörichten Berathung

unwiſſender Freunde zum Opfer fällt, der endet
eben den verlorenen Feldzug mit irgend einem
Akt der Gewalt. Ein beſonderes Odium haftet
ſolchen Operationen „drüben“ nicht an. Die
Zeitungen bemächtigen ſich des „Falls“, die
intereſſanteſten Dinge werden rückſichtslos dis=
cutirt, und die ſchmutzige Wäſche des Einen und
des Andern wird in größter Harmloſigkeit auf
öffentlichem Platze bearbeitet. Damit iſt für
Amerika die Sache eben abgethan. Eine neue
Saiſon ſoll nun alle eingewurzelten Schäden
heilen und alte Schulden tilgen; kopfüber ſtürzt
man ſich meiſt planlos in Unternehmungen, die
des Einzelnen Kräfte nach jeder Richtung über=
ſteigen und durch die Laſten, die ſie auferlegen,
ſelbſt glänzende Erträgniſſe für reellen Gewinn
illuſoriſch machen.

Bisher haben zwei deutſche Theater in New=
York den Kampf um’s Daſein gekämpft; von nun
an ſind es drei. Frau Geiſtinger, die allezeit
Unternehmungsluſtige, hat im Verein mit ihrem
„ſmarten“ Manager ein Theater gemiethet. Die
Thalia=Direction wird auf eigene Fauſt in ihrem
Theater weiter ſpielen. Auch das Germania=
Theater wird nicht aufhören, ſeine Tage zu friſten
unter Herrn Neuendorff’s Führung.

Ob von dieſen Theaterſchiffen allen, die mit deutſch = redenden Geſellſchaften drüben die Segel aufhiſſen, das eine oder andere ſcheitern werde? — Ich fürchte, alle drei, denn unter den Städten Amerikas, die überhaupt ein ge= nügendes Contingent an deutſchem Publikum ſtellen, vermag keine mehr als e i n deutſches Theater zu erhalten, keine — New = York nicht ausgenommen. Und mit dieſer trübſeligen Weiſ= ſagung verabſchiedet ſich für heute

Ihr

Friedrich Haaſe.

VI.

Von New-York nach San Francisco.

Sieben Tagereisen, beste Freundin,
umfaßt der Ueberlandzug vom Atlantic bis zum
Pacific: Siebenmal vierundzwanzig Stunden
Eisenbahnfahrt! Des Tages kein Aufenthalt,
außer bei den spärlichen Eßstationen, und Nachts
kein ander Bett, als das im Schlafwagen. So
eilt man dahin auf endlosem Schienenwege, einem
Wunderwerk der Ingenieurkunst. Da sind ganze
Bergreihen durchstochen, tiefe Abhänge über=
wölbt, mächtige Ströme überbrückt, und da=
zwischen ödes Haideland und wüste Felstrümmer!
Ueber die ebenen Prairien führt tagelang der
Weg, da, wo ehedem die Emigrantenzüge mit
Hunderten von Ochsenwagen über den seichten
Plattenfluß setzten, und wo heute die majestätische
Eisenbrücke den Missouristrom überspannt.

Allmählich beginnen wir zu steigen und
hinter Chayenne bei „Sherman Station“ haben
wir den höchsten Punkt der Union=Pacificbahn
erreicht; wir sind fast 8000 Fuß hoch über'm

Meeresspiegel. Die Rocky Mountains bilden hier ein weites Hochplateau, ohne scharfgegliederte Bergmassen, auf dem wir dahinrollen. Wir ahnen kaum, auf welcher Höhe wir uns befinden. Das Sensationsbedürfniß Amerika's hat aber auch hier nicht geruht: Einem prahlerischen advertissement gleich klingen uns die phantastischen Namen in's Ohr, mit denen man die Felskegel und Bergwände, die Spalten und Schluchten bezeichnet hat. Ueberall Hexen=Felsen und Teufelsklippen, ja sogar einen „Dampf=schiff=Felsen" giebt es. Dann folgt der Tausend=Meilen=Baum, und Teufelsberge, Teufelsthore an allen Enden.

Wir kommen nach Utah: Das Mormonen=reich beginnt. Dort seitwärts geht der Weg nach „Salt Lake City" und „Zion House" und dem Mormonen=Tabernakel. Weithin streift der Blick die Höhen der Wahsatsh Mountains und zur Linken dehnt sich der große Salzsee aus. Wir treten in die Wüste von Nevada. Tagelang baumloses Felsplateau, auf dem nur niederes Kraut den steinigen Boden deckt; alles Leben im Thier= und Pflanzenreiche scheint erstorben; hungrige Geier nur schweben beutespähend in den Lüften. Dann geht's an's Steigen, — aus

der Wüste in's Hochgebirge! Mancher Paß ist
zu erklimmen, bis wir die Schneegrenze streifen.
Und auch über diese hinaus noch steigt der
Pfad himmelan. So passiren wir die Sierra
Nevada, die große Wasserscheide zwischen dem
atlantischen und dem pacifischen Ocean . . .
Unter den Mitreisenden sind immer ein
Paar Californier, die gern erzählen, daß einst
ein Sägemühlenbesitzer aus den Wäldern von
Mains, östlich von New = York, eines Tages
seine Heimath verließ; er zog gen Westen nach
Californien. Immer trübseliger ward er, und
immer mehr schien ihm der Muth zu sinken, je
eintöniger die felsigen Hochebenen wurden, durch
die der endlos lange Schienenweg ihn führte.
Da erwachte er eines Morgens mitten unter
Bäumen in den Wäldern der Sierra Nevada,
und wie der Wanderer den Grenzpfahl seiner
Heimath grüßt, so grüßte er den Fichtenbaum.
Und mit Begeisterung im trockenen Yankee = Ant=
litz rief er aus: „Gott sei Dank, da riecht man
doch wieder einmal Harz!" . . .
In der That, der Eindruck ist überwältigend,
den die Wandlung der Natur auf Auge und
Herz hervorbringt. Abends, soweit das Auge
reicht, nichts als Eis und Schnee und winter=

lich kalte Leben, und Morgens, als ich den
Fenstervorhang meines sleeping car zurückschiebe,
Frühling! Grünende Bäume, üppige Wiesen und
Schwärme wilder Enten und Gänse, weidende
Pferde und Schafe ringsumher! Alles lebt, Alles
bewegt sich und athmet Lust und Wonne! Früh=
ling, Frühling! An solchen Contrasten fehlt es
auch wohl in Europa nicht. Wer einmal in
Cannes im Februar, wo Lorbeer und Rosen
blühen und die reife Orange vom Baume nickt,
im Abendsonnenglanz sich auf die Wanderung
begiebt, der erlebt um Mitternacht schon in Lyon
gefrorene Fensterscheiben und Morgens in Paris
vielleicht gar Glatteis. Aber die Staffage ist
es, die eben so eigenartig wirkt, so ganz märchen=
haft in jenem Theil der neuen Welt. Auf den
Prairien, mitten im öden Haideland, auf dem
Viehheerden nur nothdürftig Futter finden und
zur Winterzeit oft elend umkommen, sieht man
Indianerhütten. Es sind kleine spitzzulaufende
Zelte, mit Thierfellen überzogen. Die Indianer,
ihre Bewohner, die zur Arbeit nichts taugen,
lungern bettelnd auf den Stationen herum. In
Decken gewickelt, den Hut, unter dem blitzende
Augen hervorlugen, tief in's Gesicht gedrückt, so
sehen die Männer dem Bettelhandwerk ihrer

Weiber zu: Diese, zerlumpt und schmutzig, mit ziegelroth gefärbten Gesichtern (an Festtagen streichen sich auch die Männer ähnlich an) stellen ihre Kinder, die sie in Leinwandsäcken auf dem Rücken tragen, zur Schau; doch ist kein Geld= geschenk ihnen jemals reich genug. Es ist ar= beitsscheues Gesindel mit treulosem, hämischem Charakter, das nur durch allerlei Benefizien ge= hindert werden kann, den Bahnlinien ununter= brochen Schaden zuzufügen.

Auf der Höhe der Sierra Nevada finden wir „Humboldt House." Wir rasten eine halbe Stunde, uns zu restauriren; man nimmt Thee und Beefsteak in behaglich warmen Zimmern ein. Ruhmredig annoncirt der Wirth der Sta= tion — die er „Oase in der Wüste" nennt — auf den Affichen alle Delikatessen der Saison; er behauptet auch, das „beste Quellwasser aus den Bergen der Sierra Nevada" zu kredenzen, das aus schöner Fontaine im Speisezimmer her= vorsprudelt. Wir sind auf der Strecke, auf der vormals Alexander von Humboldt unter Fähr= nissen aller Art zu Pferde und zu Fuß In= dianerland durchstreifte. Der ganze Cooper und Walter Scott — der Mann mit dem langen Karabiner — Alles lebte mir aus der Knaben=

zeit in der Erinnerung wieder auf! Aber weiter
und weiter geht's und ſchon werden die erſten
Chineſen ſichtbar. In ſauberem weißen Leinen=
anzug, die intelligenten gelben Geſichter einge=
rahmt von ſorgfältig geflochtenen ſchwarzen
Zöpfen, die ſie nach Weiberart um den Kopf
zuſammenſtecken, ſo walten ſie umſichtig und
beſcheiden der Bedienung. In einer Station
huſchte zwiſchen der Schaar der Reiſenden, in
bauſchigen Gewändern aus buntfarbigen Seiden=
ſtoffen, mit Ohrringen, Armſpangen und anderm
Schmuck überreich behängt, ein chineſiſches Mäd=
chen eilig her und hin. Sie wäre, erzählte man
uns — die Köchin der Station, erſt 10 Jahr
und kürzlich mit einem jungen Mann auf und
davongegangen. Eben kehrte ſie nun fröhlich
und guter Dinge von ihrem Ausflug heim, um
ſchön herausgeputzt ihr Küchenamt wieder anzu=
treten. Entführt, gute Köchin und — erſt zehn
Jahr alt ... welch' ein Einblick in die Trieb=
kraft dieſer Zone!

Einige Stunden hinter Reno, wo ſich die
Straße nach der Minen=Hauptſtadt des Staates
Nevada abzweigt, haben wir die Grenze des
Staates Californien überſchritten. Mitten durch
dunkle Fichtenwälder, über gewaltige Schluchten

und Abhänge zieht sie sich hin. Prächtige Seen
liegen zwischen steil abfallenden Bergen: Hier
der zehn Meilen breite und noch einmal so lange
Lake Tahon, der im Sommer von Dampfboten
befahren wird, im Winter vom nächsten Städt=
chen aus das Ziel von Schlittschuhläufern ist,
dort der kleinere Donnersee, dessen hohe Wände
mit dichtem Tannenwald besetzt, der in dem klaren
Wasser sich wiederspiegelt. Wir steigen in der
Stunde 100 Fuß. Zwei, oft drei Locomotiven
keuchen längs des Trucker River mühsam bergan.
Wilder und majestätischer erscheint die Gebirgs=
landschaft bei jedem neuen Ausblick. Schnee=
dächer hindern oft die Umschau. Sie sind bis
zu 1000 Fuß lang und aus starken Baumstämmen
gebildet, die in geringen Zwischenräumen er=
richtet sind. An die vierzig Meilen sind so über=
wölbt zum Schutz gegen Lawinenstürze. Im
Winter kommen riesige Schneepflüge auf die
Bahn mit eisernem Bug und Schaufeln, ähn=
lich dem Vordertheil einer mächtigen Panzer=
fregatte, die, von fünf oder sechs Locomotiven
geschoben, den auf den Schienen sich häufenden
Schnee beseitigen.

Der Zug folgt in einer kleinen Entfernung.
Oft hat sich schon ein paar hundert Schritt

hinter demselben gleich wieder eine hohe Schnee=
mauer aufgethürmt. Nur vorwärts! vorwärts!
Zu wiederholten Malen sehen wir eine Strecke
der Bahn, die wir vor Kurzem verlassen haben,
tief unten am Abhange des Berges zwischen den
Tannen sich verlieren. Aber immer nur kurze,
seltene Einblicke in die wechselvolle Scenerie
sind dem Reisenden vergönnt — da hat ihn
schon wieder Dämmerung umfangen: er ist in
eine neue Holzhalle eingefahren, in einen der
primitiven hölzernen Tunnel, die bis zum höch=
sten Punkte der Sierra aufwärts führen.

„Summit Station" liegt in einem Paß,
über dem die Sierra Nevada bis zu mehr als
10,000 Fuß Höhe gipfelt. Man ist so schnell
gestiegen, daß man auch ohne die schimmernden
Schneekronen merkt, man sei im Hochgebirge.
Der Uebergang aber von üppiger Vegetation zu
völliger Erstarrung der Natur ist hier in der
Sierra rascher und plötzlicher, als in den meisten
anderen Hochgebirgen. Keine verkrüppelten Kie=
fern, keine Moose und andere am Boden
wuchernde Gewächse führen zu den höheren Re=
gionen hinauf. Dicht unter der Schneegrenze
ragen stattliche schlanke Bäume mit üppigem
Blätterdach in die Luft, und leuchtende Schnee=

selber strahlen ihr blendendes Licht aus neben
dunkelgrün prangenden Fichten. Von nun an
geht's aber auf der westlichen Abdachung des
Gebirges wieder bergab. Am Rande furchtbarer
Abgründe, deren Tiefe unermeßlich scheint, in
scharfen Windungen und Biegungen durch Schnee=
hallen und Tunnel, unaufhaltsam rollt der Zug
den Bergabhang herunter. In all der Wildniß
kein anderer Laut als das dumpfe Rasseln der
langen Wagenreihe, die dem Thale zueilt. Am
Rand von Abstürzen, die 2000 bis 3000 Fuß
in die Tiefe gehen, führt oft die schmale Eisen=
spur entlang, die von Arbeitern, welche man in
Körben von des Berges Spitze hinunterließ, in
den Fels hineingehauen wurde.

An wasserreichen Stellen erinnern Säge=
mühlen und daneben aufgestapelte Holzvorräthe
den Wanderer an das Hauptgeschäft in diesen
Waldregionen. Auch verlassene Blockhäuser,
Spuren, die frühere G o l d s u c h e r hinterließen,
stehen hier am Wegesrand. Dort sehen wir ein
Stück hydraulischer Minenbearbeitung, wie sie
von Matterson im Jahre 1853 erfunden, seit=
dem bei der Goldwaschung angewendet wird.
Da liegen die Schläuche, in welche das hoch
oben aufgesammelte Wasser sich ergießt; messingene

Röhren, Kanonenläufen ähnlich), steigern den Druck, mit dem es zischend das Erdreich trifft und überfluthet. Und wieder grüßen uns in Anderson Valley prächtige Gebirgsseen, ähnlich den Alpenseen der Schweiz, nur wilder noch und großartiger die Ufer. Dann geht es auf dem Rücken eines scharfkantigen Höhenzuges in meilenlanger Fahrt, welche die herrlichsten Fern=sichten nach Süden erschließt, und weiter zieht es nun die westliche Abdachung hinunter: Die Berge verschwinden, nur waldbedeckte niedere Hügel erblickt das Auge noch. Endlich hören auch die Hügel auf und der Zug erreicht die californische Ebene. Noch trennen uns fast 100 Meilen von San Francisco. Aber weit in fabel=hafter Ferne liegen die Rocky Mountains in ihrer unfruchtbaren Starrheit, liegt die ameri=kanische Wüste und ihre melancholische Oede — liegt auch das Schneegebirge, unter dessen eisigen Winden wir vor uns ein offenes lachendes Land erblicken. Ueber uns wölbt sich jetzt blauer wolkenloser Himmel und milde Luft strömt uns entgegen. Keine italienische Reminiscenz, die diesen Anblick überträfe! Porta Costa ist die letzte Station, und der ganze Zug kommt jetzt auf eine Fähre mit einem Geleise, das durch

Dampfkraft mit dem Bahngeleiſe des feſten
Landes auf gleiche Höhe gehoben wird; eine
frappirend großartige Erfindung. Die Pacific=
bahn hat wieder ihre Schuldigkeit gethan, den
Lauf vollendet, durch den ſie — eine Pulsader
des Welthandels, — die entfernteſten Theile
der Erdkugel verbindet. Bis in unabſehbare
Fernen erglänzt drüben des Oceans ſonnige
Fläche. Wir aber ſteigen ſchnell zu Schiff, und
durch das wundervolle „goldene Thor" tragen
uns die Fluthen des Pacific nach dem märchen=
umwobenen San Francisco.

Die Stadt breitet ſich mächtig auf ſieben
Hügeln aus, der alten Roma gleich. Palaſt
reiht ſich an Palaſt. Die Bauten aber ſind
meiſt in Holz ausgeführt, weil Steinbauten bei
den häufigen Erderſchütterungen gefährlich ſind.
Es wird ein röthliches, ſehr elaſtiſches Holz
dazu verwendet, das ſchwer brennt und ſich für
Architekturzwecke beſonders eignet. Das Ende
einer Straße bietet, aus der Ferne betrachtet,
dem Auge oft eine ſo ſteile Perſpective, daß
man meint, die Höhe könne nimmer erſtiegen
werden. Der Dampfomnibus aber vermittelt
geräuſchlos den Verkehr bergauf, bergab. An
unterirdiſch laufendem Drahtſeil feſtgehalten,

durchmessen die Wagen ruhig und gemüthlich
die Stadt nach allen Richtungen, denn das
System der Drahtseilbahnen, das bei uns nur
für Gebirgsbahnen in Anwendung kommt, ist
hier von amerikanischem Unternehmungsgeist dem
täglichen Verkehr einer Weltstadt dienstbar ge=
macht. Der Blick auf die Stadt von einer der
Höhen aus, vom Telegraphenhügel oder der
California= und Taylorstraße, ist großartig schön.
Ein schier unermeßliches Chaos von Bauten
deckt das Erdreich. Mächtige Paläste, die ganze
Straßenviertel einnehmen, ragen daraus hervor;
dann wieder eine lange Zeile eng aneinander
geschmiegter schmaler Häuser; dazwischen herr=
liche Gartenanlagen, — eine tropische Flora.
Und darüber hinaus der gewaltige Mastenwald,
der im Schutz der blauen Bai auf und ab treibt,
des Hafens ungeheurer Weltverkehr, der nimmer
ruht und rastet; in der Ferne der Saum sanft
geschwungener Berge. Es ist ein Bild von aus=
erlesener Pracht, dem sich nur wenig in Europa
an die Seite zu stellen vermag. Vielleicht er=
innert es den Beschauer an Palermo's Farben=
schimmer, vielleicht auch an Christiania's hoheits=
volle Schönheit. Doch bleibt des Eigenartigen
und ganz Unvergleichlichen noch eine reiche Fülle.

Californien ist unter den Staaten der Union das eigentliche Neu = Land (New country) und San Francisco unter allen Städten der Union vielleicht die neueste. Was dem Reichthum an modernem Fortschritt, Ausstattung und Einrichtung nur irgend zugänglich ist, und was er an behaglicher Eleganz und solidem Comfort, zugleich auch an geschmackvollster Aeußerlichkeit der Dinge sich anzueignen vermag, das kommt in San Francisco glänzend zur Erscheinung. Wahrlich, man begreift und würdigt vollkommen den Particularismus der Bewohner Californiens, denen die alte Bärenflagge ein ebenso edles Emblem ist wie das „Sternenbanner" . . .

Von der Stunde an, da ich den Fuß auf californischen Boden setzte, gelang mir Alles ohne jedwede trübende Erfahrung, und ein wesentlicher Factor zu dem schönen Gelingen wurde mir die Verbindung mit dem Baldwin = Theater, in dessen Räumen Frau Ottilie Genee waltete. Ihre Theaterleitung ist eine wahrhaft musterhafte. Die Gesellschaft unterstützte mich in trefflichster Weise. Nichts von Unzufriedenheit und Mißgunst auf den Proben, keine störende Zwischenfälle, die dem Künstler Abends die Stimmung verderben; immer der Einsatz besten

Willens und voller Kraft. Doch nicht vor das
enge Guckloch des Theatervorhangs will ich Sie
heute führen, verehrte Freundin! Mich trieb
es, Ihnen die großartigen Naturbilder zu ent=
rollen, in die ich bei der Einfahrt in das Wun=
derland staunend hineingeblickt habe. Die Er=
innerung an ihren Zauber hält mich noch heute
gefangen, und glauben Sie mir, auf diesem
Märchenboden empfand ich es tiefer als je, daß
es nach ernster mühsalreicher Arbeit keinen hö=
heren Preis giebt, als unter den Wundern der
Natur in schwelgerischer Rast ausruhen zu dürfen
und mit ihrer Größe stille Zwiesprache zu halten.

Ihr

Friedrich Haase.

VII.

Bei den Chineſen.

Sie fordern mich auf, verehrte Freundin,
Ihnen auch in das Chineſenviertel von San
Francisco einen flüchtigen Einblick zu eröffnen.
Gut denn! Mit friſchem Muth vorwärts und
ohne Furcht, denn wir ſind unter polizeilicher
Begleitung . . .

Durchwandert der Fremde das Chineſen=
viertel (die Amerikaner nennen's Chineſenſtadt,
„China-town“) ſo merkt er freilich auf den erſten
Blick von dem Schmutz und der moraliſchen
Verkommenheit, die dort in dumpfer Enge ſich
verbergen, nicht eben viel. Ein originelles Ge=
präge haftet dem Ganzen an. Die Duprut=
ſtraße, die lange, ſchmale Jackſonſtraße und die
berüchtigte St. Lewis Alley (für einen Heiligen
allerdings ein wunderlicher Aufenthalt) ſind in
ihrer Fremdartigkeit für das Auge des Euro=
päers intereſſant genug. Schmale, himmelan=
ſtrebende Häuſer, vom unterſten Kellerraum bis
zur luftigen Galerie, die über den Dächern in

äußerſter Höhe ſchwebt, dicht bewohnt von
Schaaren arbeitenden oder auch faullenzenden
Volkes; die Wände mit Geſchäftsanzeigen in
chineſiſchen Lettern beſchmiert; hier eine vor=
ſpringende Galerie, dort ein ſchief überhängendes
Dach), und über den höchſten menſchlichen Woh=
nungen immer noch ein Gärtchen, noch eine im=
proviſirte Trockenanſtalt; dazwiſchen ein raſtloſes
Treiben in den engen holzgepflaſterten Gaſſen;
eine zahlloſe Menge von bezopften Arbeitern, die
Pfeifen rauchend und mit Regenſchirmen be=
waffnet, in den wunderlichſten Lauten redend,
ſich unaufhörlich vorwärts ſchiebt — das ſind
die Bilder, die uns im Vorüberſchreiten feſſeln.
Aber längeres Verweilen unter dem Volke ſoll
gefährlich ſein. Treten wir alſo zunächſt einmal,
meine Liebe, bei dem Chefredacteur einer der
beiden chineſiſchen Zeitungen ein.

Auf der ziemlich primitiven Treppe eines
Hauſes der Waſhingtonſtraße, das die Nummer
800 trägt, ſteigen wir hinab zu einem moder=
duftenden halbverfaulten Raum, dem Redactions=
zimmer. Der Eigenthümer dieſes Raumes und
der Zeitung, die in demſelben zu Stande kommt
(von „Erſcheinen“ zu ſprechen wäre Euphe=
mismus), iſt gleichzeitig Redacteur, Berichter=

statter, Schriftsetzer, Drucker, Buchhalter, Haus=
knecht und Preßbengel, mit einem Worte eines
der vielseitigsten Menschenkinder. Am alten
wackligen Tisch hockt er und malt mit einem
Pinsel voll schwarzer Tusche auf ein Stück Papier
allerlei kabbalistische Figuren. Es sind chinesische
Schriftzeichen, die in vertikaler Reihenfolge einen
langen Streifen Papier bedecken; vielleicht der
Leitartikel für die nächste Nummer! Um seine
Personalien befragt, erklärt „Yen Yenn," der
Besitzer der Orientalzeitung, er sei fünfzig Jahre
alt und in Californien geboren, wo er vor nun=
mehr sechs Jahren dies Zeitungsunternehmen
„gründete". Von den 35,000 Charakteren der
chinesischen Sprache mußte er zugestehen, „nur"
8000 zu kennen, doch genüge ihm diese „ge=
ringe" Anzahl einigermaßen, sich verständlich zu
machen . . . Beneidenswerth einfache Schrift=
sprache, für die man nur die Kleinigkeit von
8000 Schriftzeichen zu lernen nöthig hat!

Yenn's Zeitung ist eine Wochenschrift und
hat einen Umsatz von etwa Tausend Copien,
von denen einige auch nach China versandt
werden. Der Abonnementspreis ist pro Jahr
5 Dollars (21 Mark), einzelne Nummern kauft
man für 10 Cents (40 Pfennig). Einen großen

Theil seines Lesestoffes entnimmt Yen Yenn chinesischen Blättern. Was in den amerikanischen Zeitungen, deutsch wie englisch, für seine Leser von Bedeutung ist, wird ihm durch einen Freund vermittelt, der beide Sprachen nothdürftig versteht. Uebrigens scheinen die Chinesen, den Franzosen ähnlich, für fremde Sprachen kein besonderes Ohr zu haben: Von den 40—50,000 Chinesen, welche allein die Stadt San Francisco aufzuweisen hat, sind ihrer kaum 500 des Englischen mächtig, und nicht viel mehr als 20 in kümmerlicher Weise auch des Deutschen. Aber ich habe unter diesen bezopften Bürgern des Reichs der Mitte doch zwei herausgefunden, die ein ganz leidliches .... Hamburger Plattdeutsch sprachen. Yen Yenn zeigte uns eine Nummer seines Blattes: Es enthielt in einem Format von 14—20 Zoll auf vier Seiten je fünf Spalten Lesestoff. Auf der ersten Seite prangt an der Spitze des Blattes der Name „Wih Kin", durch fünf Charaktere ausgedrückt, die von links nach rechts in horizontaler Linie gelesen werden. Rechts vom Titel finden wir die Notiz, daß dies Blatt im vierten Monat des siebenten Jahres der Regierung Kaiser „Dwang Lis" erscheint, welche Notiz wir in vertikaler Linie

von oben nach unten zu lesen haben, ebenso
wie jene andere, die links vom Titel den Prospect
enthält. Sie sehen, liebe Freundin, immer ver=
tikal oder horizontal, nichts einfacher als das!
Auf der zweiten Seite steht dann der Leitartikel
und Neuigkeiten aus Canton, Peking und anderen
bedeutenden chinesischen Plätzen. Ob diese aber
horizontal oder vertikal gelesen werden, hab' ich
mir leider nicht gemerkt. Bis vor zwei Jahren
etwa bildete in diesem Redactionsbureau das
Setzerzimmer und die Druckerei, das Redactions=
local, Empfangszimmer, Küche und Schlafzimmer
unseres Freundes Yen Yenn einen einzigen
ungetheilten Raum von ungefähr 12—15 Fuß.
Seit Erweiterung des Geschäfts (?!) theilen
nun Bretterwände den Raum in drei Gemächer,
von denen eines dem persönlichen Gebrauch
Yen Yenn's vorbehalten ist, während das zweite
sein Geschäfts= und Redactionslocal vorstellt,
und in dem dritten die Druckerei mit Zubehör
untergebracht ist. Yen Yenn verstattete uns
einen flüchtigen Einblick auch in dieses Sanctua=
rium. Ein viereckiger Stein mit glattpolirter
Oberfläche und eine Platte von dickem Leder,
die mittelst Schraube oder Rad fest auf den
Stein gedrückt und wieder von demselben abge=

hoben wird, das iſt die ganze Preſſe. Ein
Blatt Papier von dem Format der Zeitung,
auf welchem Alles ſteht, was zwei von den vier
Seiten der Zeitung ausfüllen ſoll, wird zunächſt
auf den Stein gelegt und abgeklatſcht. Ein
zweiter, unbeſchriebener Bogen Papier wird
dann in den Lederrahmen geſpannt und auf
den Stein geſchraubt, von dem er nun den
Abklatſch abnimmt; nach Anfeuchtung des Steines
erfolgt ein zweiter Abdruck und wieder einer,
und ſo fort, bis die gewünſchte Zahl von
Exemplaren hergeſtellt iſt. Yenn behauptete,
daß ſeine Druckerſchwärze 2—3000 Abdrücke
nach einander geſtatte. Man ſieht, es iſt ein
Verfahren, das dem Lithographiren ähnlich iſt.
Zur Herſtellung einer vollſtändigen Auflage
braucht allerdings Yen Yenn zwei ganze Tage,
jeden Tag zu zehn Arbeitsſtunden gerechnet!

Es giebt nun außer dieſem Blatt noch
eine zweite chineſiſche Zeitung in San Francisco,
„Tong Fan San Bo“, „Chinese English News-
paper“ betitelt. Aber ich erlaſſe Ihnen die Be-
kanntſchaft ihres Redacteurs, liebe Freundin,
und führe Sie jetzt zunächſt in den Buddhiſten-
Tempel, in welchem die Chineſen ihre Andacht
verrichten.

Der Eindruck, den ein buddhiſtiſcher Tempel
auf den Fremden macht, iſt nicht unſympathiſch.
Er enthält verſchiedene Altäre, auf deren größ=
tem, mittlerem, die drei Buddhas — der ver=
gangene, gegenwärtige und zukünftige Gott —
von langen, buntverzierten Gewändern umhüllt,
in feierlicher Attitude ſitzen. Ihnen zu Ehren
werden Rauchopfer dargebracht, zu denen die
erforderlichen Requiſiten, einer Kamin=Garnitur
nicht unähnlich — Kerzen auf Kandelabern und
Blumen in prächtigen Vaſen — auf einem Tiſch
im Vordergrund aufgeſtellt ſind; „josstick“ heißen
die Kerzen, die langſam glimmen und aus einer
Miſchung von Gummi mit Spähnen ſtark duf=
tender Hölzer beſtehen. Tafeln mit chineſiſchen
Moralvorſchriften ſind überall längs der Wände,
am Plafond über der Eingangsthüre angebracht.
Eine große Glocke auf leiterförmiger Eſtrade
wird in Bewegung geſetzt, wenn Perſonen von
Bedeutung in den Tempel eintreten. Das Volk
liegt anbetend am Boden und murmelt Gebete,
in denen das Wort Buddha tauſendfältig wieder=
kehrt. Bei großen Feſten, zu Neujahr z. B., er=
höhen die dröhnenden Schläge einer Art von
Tamtam, das einen wahren Höllenlärm ver=
urſacht, in recht zweifelhafter Weiſe die Feier=

lichkeit chinesischer Andachtsübungen. Unser
Freund, der Polizeimann, bezeichnete es als
eine für die Polizisten höchst unbequeme „nui-
sance", daß kranke Chinesen, die von den Aerzten
aufgegeben werden, oft in den Tempel geschleppt
werden, um dort zu sterben. So werden nicht
selten Blatternkranke in den letzten Stadien der
Auflösung dort vorgefunden, und es bleibt dann
meist Sache der Polizei, die Sterbenden wieder
fortzuschaffen, weil die Angehörigen der Ster=
benden zu ermitteln fast nie gelingt ...

Und nun weiter, verehrte Freundin, unter
sicherer Bedeckung in's chinesische Theater! ...
Wir treten in ein Haus, das den stolzen Namen
führt: „Ton Son Fung" („Theater des erlauchten
Landes"). Es ist schmutzig und schlecht erleuchtet.
Fünfzehn Stufen geht's hinauf, dann starren
kahle leere Wände uns unfreundlich an: Kein
Ornament, kein Farbenschimmer im ganzen Raum,
der wohl 500 Personen faßt. Die Bühne, wenn
man das Emporium ohne Coulissen und Vor=
hang, mit zwei Thüren in der Steinwand, über=
haupt so nennen mag, ist unglaublich niedrig.
Von irgend welchen Decorationen keine Spur!
Dieselben nackten, weißgetünchten Wände, wie
im Zuschauerraum. Alles öde und stimmungs=

los. Um vier Uhr Nachmittags beginnt die
Vorstellung, eingeleitet von einer wahrhaft ner=
venerschütternden infernalischen Musik, die ein
aus sieben Personen bestehendes „Orchester" voll=
führt. Pfeifen, Trommeln, und wieder das ent=
setzliche Tamtam, überbieten einander im Lärmen
und Getöse. Das Hikry, eine Art massive Holz=
pauke, mit aufgespannter Thierhaut, die mit
Elfenbeinstäben bearbeitet wird, Triangel und
fagottartige Instrumente, sowie eine auffallend
langhalsige Guitarre, vervollständigen das dia=
bolische Concert, welches fünfzig Schritt auf der
Straße noch zu hören ist.

Das zur Darstellung kommende Stück, das
acht volle Stunden dauern soll, (Sie haben
doch nichts dagegen, Verehrteste, wenn wir et=
was vor dem Schluß aufbrechen?) feiert den
Frühling: „Sik Fa Yuen Low", zu deutsch: „das
Wiederauferstehen der Blumenkönigin".

Den Gang der Handlung Ihnen zu ver=
dolmetschen, bin ich leider außer Stande. Die
Costüme der Schauspieler aber erschienen mir
prächtig genug, um so prächtiger, weil die ganze
Scenerie, armselig und dürftig, auf's Grellste
davon abstach. Sollte ein Berg markirt werden,
so kletterten die Acteurs auf einen Haufen Tische

und Stühle, die zu dieſem Zwecke vor den Augen
des Publicums übereinander geſtülpt wurden;
in dieſem Stil bewegte ſich die ganze übrige
Ausſtattung. Jeder Schauſpieler ſpielte mehr
als eine Rolle; oft verſchwanden ſie in einem
unſcheinbaren Coſtüm, um in reichſten ſeidenen
Gewändern wieder zu erſcheinen, und umgekehrt.
Auch die Frauenrollen wurden von Männern
dargeſtellt, da die chineſiſche Bühne Schauſpie=
lerinnen nicht kennt. Wie es mich bedünken
wollte, zankten ſich zwei Königinnen um ein
Landesgebiet. Als nun die Eine über die Andere
den Sieg davon getragen zu haben ſchien, ſchlug
ſie drei virtuoſe Purzelbäume und verſchwand
unter großem Beifallsgetöſe, in das ſämmtliche
Inſtrumente tumultuariſch einfielen. Und dies
geſchah im Mai des Jahres 1882!

Recht unterhaltend iſt ein Blick „hinter
die Couliſſen“, wohlverſtanden — immer
den Polizeimann zur Seite. In unmittelbarer
Nähe der Bühne liegen die Garderoben, die den
Darſtellern auch außer der Theaterzeit als Woh=
nung dienen. Hier wird während der Vorſtel=
lung gekocht, gegeſſen und geſchlafen, mit einem
Worte: alle intimſten Seiten des Privatlebens
entfalten ſich dort in umfaſſendſter, ungenirteſter

Weiſe. Hier liegt man auch der Nebenbeſchäf=
tigung des Waſchens und Kochens ob; denn die
Kunſt wird ſchlecht bezahlt unter den Chineſen,
und das Honorar von ein bis zwei Dollars —
gleich acht Mark — die jeder von den „neunzig“
angeſtellten „Künſtlern“ pro Tag erhält, machen
rentablen Nebenerwerb unerläßlich. Die Vorſtel=
lungen dauern gewöhnlich von Nachmittags bis
zwölf Uhr Nachts. — In feſtlichen Zeiten jedoch,
wie z. B. zu Neujahr, das volle vier Wochen lang
gefeiert wird, ſchließt man das Theater über=
haupt gar nicht, und die Vorſtellungen werden,
mit wechſelndem Perſonal natürlich, Tag und
Nacht ununterbrochen fortgeſetzt. Der officielle
Eintrittspreis beträgt 50 Cents, gleich zwei Mark.
Iſt ſtarke Nachfrage nach Billets, ſo wird der
Preis bis zum Schluß der Vorſtellung beibe=
halten, andernfalls läßt die Direction nach ein
bis zwei Stunden eine Ermäßigung deſſelben
auf 35 Cents eintreten. Und wollen ſich auch
um dieſen Preis noch keine Verehrer der künſt=
leriſchen Muſe finden, ſo wird derſelbe aber=
mals, bis auf 25 Cents, bisweilen, nach zehn
Uhr Abends, gar bis auf 10 Cents herabgeſetzt.
Aehnlich erlebte ich es in Paris, daß man mir
für einen Sitz im Odeon, wo ein neues Aus=

ſtattungsſtück großen Zulauf hatte, einige Francs
über die gewöhnliche Taxe an der Kaſſe berech=
nete, und ich, nach dem Grunde fragend, zur
Antwort erhielt: „Que voulez-vous? C'est le
succès!"

„Einfach und vernünftig!" dachte ich bei
mir. . . . Und ſo ſehen Sie, daß man auch
von den Chineſen noch in theatralibus etwas
lernen kann!

Ihr

Friedrich Haaſe.

VIII.

Yo Semite Thal.

„Yo Semite" ist ein Platz zu froher Rast. Weltverloren und unbekannt lag es fern ab von den Adern des Verkehrs, bis eine Schaar von spanischer Volunteros, Indianergebiet durch= streifend, vor nun dreißig Jahren es entdeckte. „Yo=Ham=i=te" oder „Yo Semite" nannte sich der Stamm, der dort ansässig war, den man vertrieb, der ausgerottet wurde, bis auf den Namen, den man dem stillen Thale ließ, das nun das Ziel der Wanderung von Tausen= den geworden.

Es giebt der Wege mehr als einen, die zu ihm führen. Wer es als Mountainer aufsucht, wer den Mustang besteigt mit dem mexikanischen Sattel, und den hölzernen Steigbügeln, die Flinte neben sich und das Packpferd zur Seite, das Lebensmittel und Decken zum Bivouakiren trägt, der mag wohl der Gebirgsschönheiten Fülle am unverfälschtesten genießen. Aber auch für den, der solchen Unternehmens unkundig,

auf Bergfahrt und Fußwanderung sich beschränken
muß, giebt es der Pfade manche und des Schö=
nen viel.

Von Mariposa aus führt uns anmuthiges
Hügelland, mit Fichten reich bestanden — fast
im Character unserer deutschen Schwarzwald=
höhen — leise bergan. Auf der Wasserscheide
des Gebirgs entlang, schon 3000 Fuß hoch), er=
reichen wir inmitten herrlicher Waldungen Clark
Ranch, am Südarm des Mercedflusses. Nicht
allzufern ist eine Gruppe jener Riesenbäume,
die 300 Fuß hoch), und von denen Hunderte
bei einanderstehen. „Mammuthbäume“ hat man
sie genannt, bis die Gelehrten einen neuen Ter=
minus fanden, nun heißen sie: „Sequoia gi-
gantea.“

Wird solch ein Baum gefällt, so zählt man
wohl am Stumpf des Riesen — sein Alter zu
erforschen — der Ringe Zahl. Bis zu 3000
hat man da oft gezählt, also 3000 Jahre lang
hat solch ein Urwaldbaum der Zeiten Sturm
getrotzt.

Wir brechen auf und steigen immer höher
bis zu 7000 Fuß. Bald am Rande steiler Ab=
hänge, bald auf ebenem Plateau, das sumpfige
Wiesen decken: so gehts dem „Adler Creek“ nach)

bis zu seinen Quellen. Kleine Hütten, in denen
Hirten hausen, sind die einzigen Zeichen mensch=
licher Ansiedelung, denen man begegnet. — In
nebelhafter Ferne sehen wir der Sierra schnee=
bedeckte Kämme leuchten.

So stehen wir am Südrand des Yo Se=
mite Thals. Von vorspringendem Felsblock aus
„Inspiration Point" genannt — wir kommen
schon wieder in das Sensationsgebiet, liebe
Freundin —, schauen wir hinab in diese Welt
im Kleinen, an derem Eingang mächtige Berg=
kegel Wache halten, die steile Felswände schützend
umragen, in deren Gründen ein Silberband,
der klare Mercedfluß heimlich seines Weges
zieht. Zwischen prachtvollen Eichen und Tannen
hindurch, an gewaltigen Granitfelsblöcken vor=
über, geht seine Bahn. Und über ihm, um
uns, unter uns und rechts und links und aller
Orten rauschen und stürzen und säuseln und
wehen die Wasserbäche, die von den Bergen sich
ergießen ohne Rast und Ruh! — Wir stehen
3000 Fuß hoch über der Thalsohle. — Ein
schmaler steiler Weg führt hinab in dasselbe.
Köstliche Landschaftbilder ziehen in raschem Wech=
sel an uns vorüber. Halbwegs ragt eine co=
lossale „Zuckerfichte" in die Luft! Blitz oder

Feuer höhlten ſie aus, ſo diente ſie lange einem
Einſiedler als Klauſe und heißt nun „Hermi=
tage.“ An der Thalſohle rechts und links die
beiden Rieſen aus Granit: „El Capitan“ und
„Kathedral Rock:“ der eine in ſteiler Felswand
jäh emporſteigend, der andere voller Klippen und
Spitzen, und Riſſe und Klüfte: dazwiſchen wieder
Laubholz und Nadelbäume: Alles köſtlich grün,
und allüberall ungeheure Steintrümmer, die
Ueberreſte früherer, längſt verſchwundener For=
mationen. Von des Felſenthors Höhe aber
— 940 Fuß hoch — rauſcht in wallender Fluth
der Waſſerfall hernieder, den ſie „Bridal Veil“
(Brautſchleier), nennen. Den Indianern be=
deutet er „Windſtoß“ (Pohono); — das iſt der
Eingang in's „Yo Semite Thal.“

Man könnte meinen, der Schönheit Fülle
wäre nun erſchöpft mit dieſem überwältigenden
Anblick. Aber des Zaubers iſt kein Ende. Gleich
hinter der Felswand des „Capitan“ ein anderer
Waſſerfall — „Virgin's Jones“, — der eine
tiefe Bergſchlucht über 1000 Fuß hinabſtürzt.
Links liegen die „drei Brüder,“ deren mannig=
fache Verſchiebungen im Vorwärtsſchreiten immer
neue reizvolle Bilder gewähren. Es ſind drei
Felsgipfel, die aus mächtigem waldbewachſenem

Bergkamme emporragen, zum Thale geneigt, als
wollten ſie hinunterſtürzen; ſo halten ſie 4000
Fuß hoch über der Thalſohle ihre majeſtätiſche
Wacht.

Sie gehen mit uns, wenn wir in's Thal
hineinwandern, in immer anderer überraſchender
Geſtaltung, bis auf jener Seite „Sentinel Peak"
erſcheint, gleich einem Obelisken mit Wänden,
die völlig ſenkrecht abfallen, ihm zu Füßen die
herrlichſten Baumgruppen, Fichten von auser=
leſener Pracht, gegenüber der „Yo Semite Fall."

Es iſt mir immer als die höchſte Art von
irdiſchem Genuß erſchienen, in ſchöner, erhebender
Natur, die der Alltags = Wanderer oft in ſtür=
miſcher Haſt und nur vorübergehend ſtreift,
manch gute Stunde in andächtiger Sammlung
ſtill zu raſten. Wer flüchtigen Fußes immer
weiter eilt, der naſcht wohl von den Gaben der
Natur, aber er koſtet ſie nicht aus. Daſſelbe
Bild in immer neuem wechſelreichen Farbenglanz
erſtrahlen ſehen — das iſt der Zauber höchſter.

Hier im Herzen des Thales iſt gut weilen;
Blockhäuſer, die ſich gefällig und anſpruchslos
an die ſteile Berglehne ſchmiegen, in hoher
Bäume Schutz geborgen, und in den klaren
Fluthen des vorüberhaſtenden Mercedfluſſes

freundlich ſich wiederſpiegelnd: dies iſt freund=
lichſte Zuflucht für die Zeit der Ruhe. Hier
vernimmt unſer Ohr bald mächtig brauſend,
bald in leiſen Klagetönen des gewaltigen Waſſer=
ſturzes Stimme, der von der Zinne der Fels=
wand unabläſſig niederrauſcht.

Nicht in ungeheurem breiten Wogenſchwall,
wie der Niagara, ſtürzt der Yo Semite ſich in's
Thal. Aber aus ſchwindelnder Höhe, mehr als
2500 Fuß hoch, in drei Abſtürzen, deren oberſter
allein 1500 Fuß mißt, ſtrömt er herab. In
heiterem Sonnenglanze leuchten die ſtaubver=
wehten Tropfen, Funken gleich in tauſend Farben=
prismen, ein wolkenloſer Himmel wölbt ſich
tiefblau über uns, durchſichtiger Aether, der
Berge Grenzen ſcharf umziehend, umfängt das
All, und in das leiſe Rauſchen, das Weben
und Wehen des fallenden Waſſerſtrahles tönt
toſend und drohend, nur das rollende Geſtein,
der ſtolze Baumſtamm und der wuchtige Fels=
block, den er im Fallen mit ſich reißt, und den
er — losgebrochen und wurzellos nun donnernd
in die Tiefe ſchleudert.

Spät Abends aber, nach erloſchener Sonne
Glanz, übergießt der Sterne Heer mit ſanftem
Schein die fallenden Waſſer; oder des Mondes

bleiches Licht mit seinen Silberfäden wandelt das magische Bild zu einem ewig unvergeßlichen.

Beim Tagesgrauen, wenn leise Dämmerung noch über'm Thal und auf den Bergen liegt, führt uns des Flusses freundliches Geleit zu neuer Umschau. Da steht ein ander Blockhaus, nicht weit vom Fuße des „Sentinel Peak" und rings von hübscher Anpflanzung umgeben, die Heimath eines Deutschen, der auch dem Wanderer Herberge giebt, und der das ganze Jahr, Winter wie Sommer, in Thaleseinsamkeit verlebt. Und auf und ab, und wieder aufwärts geht die Wanderung bis in das Reich der Gletscher, wo zuerst aus schmaler Felsenspalte die Wasserbäche sich an's Licht des Tages drängen, dann von Fels zu Felsen hüpfen, bis sie den Weg in's Thal, das Ziel des Wanderns, finden.

Zum stolzen „Cap der Freiheit" schaut das Auge nun hinauf, wo die Sonne die weiße Krone schon hinweggeschmolzen hat und nur des Berg's granitene Kuppel uns noch in düsterer lapidarer Schöne entgegenstarrt.

Zwei Meilen weiter östlich theilt sich des Thales Breite in drei Schluchten. Gigantische Felsmassen bilden den Ausgangspunkt für alle drei. „Half Dome", „North Dome", sind Kuppeln von unvergleichlicher Majestät, „Washington Columne" und „Royal Arches", Felsfiguren von groteskester Gestalt. Die südliche Schlucht wird in ihrer großartigen Wildheit von zwei pracht= vollen Wasserfällen belebt, dem „Vernal"= und „Nevadafall." Die nördliche birgt ein Juwel, den „Mirror Lake", ein stilles Wasser, das crystallklar, wie das Auge eines Kindes auf all das Hohe schaut, das es umgiebt.

Noch mancherlei des unbeschreiblich In= teressanten giebt es in der Nähe des Yo Semite, das immer neue Reize bietet, wenn man es durch verschiedene Zugänge aufsucht. So kann man von Merced aus über „Dudleys Mühle", die man in comfortabelen kleinen Berggefährten erreicht, nach „Gentrys" gehen und dort vom Gipfel der Bergkette aus in's Thal hinunter= steigen. Auf diesem Wege findet man die merk= würdige „Bayers Höhle", oder man geht über „Stockton" und „Milton" nach „Murphys Camp" in „Kalaveras County" und sucht die „Big Troes" auf, eine Gruppe von Riesen= bäumen, die jene von Mariposa an Größe und Schönheit fast noch überbieten. Sie tragen die wunderlichsten Namen, wie: „Waldesmutter" und „Vater des Waldes", letzterer liegt bereits

am Boden hingestreckt und maß 435 Fuß, also
höher als wie der Dom von Köln und die
egyptischen Pyramiden. Zwei andere, die sich
an einander lehnen, heißen „Husband und Wife"
(Mann und Frau). Da giebt's auch „Eremiten",
„alte Jungfrauen" und „Junggesellen", „Sia=
mesische Zwillinge", „Mutter und Sohn", „drei
Schwestern", „Onkel Tom's Hütte", und einen
„Stolz des Waldes." Sie alle sind zwischen
2 und 300 Fuß hoch, haben einen Umfang von
50 bis 100 Fuß und einen Durchmesser von
20 bis 30 Fuß. Also Baumriesen in der That.

Auch merkwürdige Höhlen und überirdische
Tunnel, überwölbte Brücken, welche die Natur
schuf, sind die Zielpunkte von Ausflügen. Sie
erfreuen sich gleichfalls der sonderbarsten Namen.
Da ist — nicht allzuweit von „Murphy's Camp",
einem kleinen Minenorte — eine unterirdische
„Rathskammer", in dunkelfarbigem Felsgestein,
eine „Kathedrale" und ein „Cataract" mit den
seltsamsten Tropfsteinbildungen, ein „Bischofs=
palast" mit hoher Felsstatue, eine „Brautkammer"
aus schimmernd weißem Feldspath, und eine
„Musikhalle" mit zahllosen, gleich Orgelpfeifen
herabhängenden Crystallen.

All' das ist sehenswerth; aber es fesselt

nicht die Seele, wie jenes Thales Stille und gewaltige Schönheit. Und wer immer die Reize schildern will von Californiens Alpenwelt, der denkt zuerst doch nur an das „Yo Semite Thal!"

Kehrt man zurück aus Waldeseinsamkeit in das Gewühl der Städte, so steigt man wohl, um Land und Leute kennen zu lernen, auf dem Heimweg einmal in eine „stage", die Californische Postkutsche. Eine Menge von Passagieren und ganze Hügel von Gepäck harren der Beförderung. Nur neun Personen haben im Innern des Wagens Platz, zwei neben dem Kutscher, der Rest — ihrer zehn bis zwölf — werden auf dem Verdeck untergebracht, wo sie an fester Eisenstange sich krampfhaft anklammern, um von ihrem schwankenden Sitz nicht herab zu fliegen.

„John Chinaman", der Schlaue, erwischt meistens den besten Platz; begehrt aber eine „Lady" den Platz des Langzopfes, so spedirt man diesen ohne jedwedes Federlesen nach der oberen Etage, denn gegen Damen ist man durch ganz Amerika äußerst höflich. Ich glaube, daß dieser charakteristische Zug, der sich durch die ganze Nation zieht, aus bösem Gewissen entspringen mag — ich sage „mag", denn ich will mich mit den Amerikanern nicht „anlegen“, wie wir zu Lande ſagen.

„All on board for Copperopolis“ — ſo ruft der Kutſcher mit lauter Stimme: „all set“ — lautet die Antwort. Und fort geht es mit Windeseile.

Ach, viel zu ſchnell, denn wir werden ſie nie, nie wiederſchauen, die Wunder dieſer er= habenen Märchenwelt.

In der Tiefe dankbarer Erinnerungen aber werden ſie ewig fortleben, die ſchönſten Stunden, in denen wir ſchwelgten unter den Zauber des Yo Semite Thales!

Schon taucht die holländiſche Küſte am Horizont auf, ſchon blinken weiße Segel kleiner Boote. Die Zeit iſt gemeſſen. — farewell — for ever?

Yours!

Friedrich Haaſe.

IX.

Amerikaniſche Journaliſten.

Ich wäre der Undankbarſten Einer, theure Freundin, ließe ich in dieſen freimüthigen Be= kenntniſſen den Antheil unerwähnt, den Kritiker und Preſſe an den Erfolgen hatten, die das Publikum Amerika's in Oſt und Weſt mir be= reitete. Die Preſſe iſt dort eine Macht noch mehr als anderswo, Auge und Ohr der Menge iſt auf ſie gerichtet. Man glaubt blind an das, was ſie auf den Schild hebt, und man tritt in den Staub, was von ihr geringgeſchätzt wird. Auch erfreuen ſich, wie Sie wiſſen, die großen amerikaniſchen Journale — deutſch wie engliſch — ſeit Langem eines Weltrufes, der durch die Mannigfaltigkeit der Gebiete, die ſie beherrſchen, durch die Gediegenheit ihres Urtheils, wie der Anſchauungen und Geſichtspunkte, die ſie ver= treten, durch die Tüchtigkeit ihrer Redaction in jedem Sinne wohlverdient iſt. Und allen Zeitungen wie Zeitſchriften — engliſchen wie deutſchen — bin ich zu gleichem Dank ver= pflichtet.

Die kritiſche Beſchäftigung erſcheint den
Herren von der Feder drüben viel mehr im Licht
der Unterhaltung, des Vergnügens, als bei uns.
In Deutſchland wird es bisweilen als läſtige
Pflicht empfunden, nicht ſelten auch ausgeſprochen,
daß über ein altes Stück und einen neuen Schau=
ſpieler, oder über einen alten Schauſpieler und ein
neues Stück, oder über lauter Neues oder lauter
Altes nun immer wieder eingehend und ſachgemäß
berichtet werden ſoll. Schon der Theaterbeſuch
an und für ſich — wenn's beſonders warm oder
auffallend kalt iſt, wenn das Theater von der
Wohnung des Kritikers ſehr entfernt liegt, oder
derſelbe gewohnt iſt, früh zur Nacht zu eſſen
und zeitig ſchlafen zu gehen — erſcheint dem
deutſchen Kritiker von Beruf nicht ſelten als ein
Opfer, das er dem Künſtler perſönlich bringt.
Er ſucht es ſich alsdann zu erleichtern, wie er
eben kann und vermag. Er nimmt dieſen oder
jenen Verwandten, am liebſten aber ſeine Frau
mit auf die kritiſche Wanderung; ſie muß ihm
Geſellſchaft leiſten auf langer Fahrt und in an=
ſtrengender Sitzung; muß für ihn, oder doch
mit ihm ſehen und hören, gelegentlich auch wohl
beim ſchriftlichen Bericht ihre berathende Stimme
hören laſſen. Jedenfalls und unvermeidlich wir=

ken die Eindrücke und Erinnerungen aus zweiter
Hand mehr oder weniger beſtimmend auf Den=
jenigen ein, der unter ihrem Einfluß kritiſirt.
So ſind wir hier und da in Deutſchland in
den Beſitz einer Familienkritik gekommen,
die ein Unicum in der Welt iſt. Ich weiß, daß
ich mich vielleicht um den Kopf rede, aber, die
Hand auf's Herz — trifft's zu oder nicht —
mitunter?

Dergleichen exiſtirt in Amerika nun gar
nicht. Der Kritiker thut ſeine Schuldigkeit mit
Luſt, Liebe und auffälliger Hingebung, und denkt
an nichts weniger dabei als an Aufopferung.
Ich fragte einmal einen der Herren, wann denn
er und ſeine Herren Freunde eigentlich ſchliefen,
da doch nach Beendigung der Vorſtellung ſtets
noch ein eingehendes Referat geſchrieben wird,
das ſchon am andern Morgen — wie es ſich
ja übrigens auch bei deutſchen Blättern immer
mehr einbürgert — gedruckt zu leſen?!

„Wann wir ſchlafen? Am Tage — ge=
legentlich — wenn Zeit iſt", war die Ant=
wort! . . .

Einer der hervorragendſten Journaliſten
New=Yorks — der Vornehmſte vielleicht durch
ſeine Antecedentien, denn er war lange Zeit

Minister — Karl Schurz, ist auch den
Deutschen als Befreier Gottfried Kinkel's nicht
unbekannt. Er ist Herausgeber der „Evening
Post", einer höchst bedeutenden Zeitung in eng=
lischer Sprache. Dem Aufenthalt in seinem
Hause danke ich die Erinnerungen schöner an=
regender Stunden. Schurz war vermählt mit
einer Tochter des bekannten Stock=Meyer in
Hamburg, die ihm liebenswürdige Töchter hinter=
ließ, welche nun in ihres Vaters Hause die
Honneurs machen und einen fesselnden Kreis
bedeutender Männer, anmuthiger Frauen um
sich sammeln. Ich begegnete dort Baron von
Wartegg, dem geistvollen Gemahl Minnie Hauck's;
auch Udo Brachvogel gehörte zu den Freun=
den des Hauses. Dieser, ein Verwandter vom
Verfasser des „Narciß", hat sich seit vielen
Jahren drüben heimisch gemacht, während er
auch mit dem alten Vaterland schriftstellerisch
eng verbunden blieb. In der Führung des
„Belletristischen Journals" bewährt er aus=
erlesenen Geschmack und feinfühliges Urtheil.
Der Reclamegeist und Bussineß=Schwindel hat's
ihm nicht anzuthun vermocht. Wohlwollend, tact=
voll und liebenswürdig schützt und fördert er
jedwedes deutsche Interesse.

Noch manch hellklingender deutsche Name
ist in den Redactionen deutsch = amerikanischer
Zeitungen vertreten: So Dr. Rittig, Feuilleton=
Redacteur der „New=Yorker Staatszeitung", ein
Mann von umfassendem, äußerst sorgfältig ge=
ordnetem akademischen Wissen und enthusiastischer
Hingabe für die Bühne, dem ich zu herzlichem
Dank verpflichtet bin, und Gestefeld, ein
Schwager von Lipperheide in Berlin, welcher
der in Chicago erscheinenden „Illinois = Staats=
zeitung" angehört, die von dem genialen Her=
mann Raster geführt und geleitet wird; Fach=
genossen bezeichnen ihn als die erste journalistische
Capacität Amerikas.

Im Verhältniß zur Größe der Städte er=
schien mir die Anzahl der täglich und periodisch
erscheinenden Zeitschriften in San Francisco
am stärksten. Diese Stadt ist auch im Besitz eines
ganz besonderen literarischen Curiosums: einer
hebräischen Zeitung, die zwar nicht in hebräischer
Sprache, vielmehr mit abwechselndem deutschen
und englischen Text erscheint, aber sich der „he=
bräische Beobachter" nennt. Es ist die älteste
jüdische Zeitung auf der Pacific = Küste, erscheint
seit dem Jahre 1856 und wird vortrefflich re=
digirt.

Unter den Zeitungen in englischer Sprache sind noch hervorragend außer dem großartigen „New-Yorker Herald" die New-Yorker „Times", in der ein junger Deutscher, Herr Steinberg, ungemein feinfühlig und geistvoll in knapper, aber stets erschöpfender Weise englisch kritisirt. Den Reigen zu schließen, nenne ich Ihnen noch einen wohlbekannten Namen, den einer Frau, zu deren Vertheidiger (und sie hat deren oft bedurft) Sie sich ehedem im Kampf gegen Vorurtheil und Gehässigkeit mehr als einmal aufgeworfen haben, Helene Rakowicza — Lassalle's Braut, einst Friedmann's Gattin, jetzt die Frau eines russischen sehr liebenswürdigen Schriftstellers Schewitsch! Auf allen Gebieten interessant, ist die schöne Helene der alten Welt nun in der neuen auch noch eine pikante Schriftstellerin geworden; prickelnd und geistvoll übt sie Kritik. Ob der neueste Name, den sie den früheren hinzugefügt, der letzte sein und bleiben werde? Sie weiß es selbst wohl kaum; — doch möchte ich dem genialen Weibe die Einkehr in innere Ordnung von Herzen wünschen, der die äußere sicherlich auf dem Fuße folgen würde.

Wenn Sie sich nun, liebe Freundin —

nach der Zahl der Journale, deren Namen ich
Ihnen genannt, und die ſich ſämmtlich mit der
Bühne und deren Vorkommniſſen eingehend be=
ſchäftigen, die zum großen Theil über die be=
deutenderen Erſcheinungen derſelben umfangreiche
Eſſays bringen — wenn Sie ſich danach ein
Bild machen wollen von dem, was drüben in
theatralibus geſchrieben wird, ſo mögen Sie auch
ermeſſen, was der Einzelne, über den geſchrieben
wurde, an kritiſchem Leſeſtoff zu bewältigen hat!
Wahrlich, es giebt ein ſtattliches Buch ab! Der
Einblick in das meine aber wird mich allezeit
daran erinnern, wie dankbar ich Denen ver=
pflichtet bleibe, die unwandelbar theilnehmend
und verſtändnißvoll mein künſtleriſches Thun
gewürdigt. Freilich — ich ſehe voraus, daß ſie
meine ungeſchminkten Bekenntniſſe über amerika=
niſche Kunſtzuſtände vielleicht mit einem mürri=
ſchen Echo beantworten werden, aber der wahr=
heitsliebende Menſch, der Rechenſchaft ablegt
vor ſich und Anderen, ſoll doch nichts verhehlen
von dem, was die ſcharfe Geißel des Tadels
verdient, darf nicht ſchweigen über das, was
der Erörterung, der Kenntnißnahme der Wohl=
meinenden, der Urtheilsfähigen bedarf, und was
allen Betheiligten zu erfahren Noth thut und

dadurch von Nutzen wird. Und mein ceterum
censeo iſt:

So wie die Theaterverhältniſſe in Amerika
jetzt ſind, können und dürfen ſie nimmer
bleiben! Willkür und frevelhafter Leichtſinn
müſſen eingedämmt werden, und die Rechtloſigkeit
des Einzelnen muß aufhören. Freilich bieten die
Verhältniſſe auf amerikaniſchem Boden, wie ſie
Tag für Tag ſich aus dem Chaos neu entwirren,
für die Hoffnung baldiger Beſſerung, ſchnellen
Fortſchritts auf dem Gebiet der Künſte noch wenig
Anhalt. Auch iſt ein Hang zum ſtark Natura=
liſtiſchen, der jede ideale Höhe, jede moraliſche
Zucht verſpottet, in amerikaniſcher augenblicklicher
Geſittung und Durchſchnittsintelligenz nur all=
zuſehr begründet. In dem Reclameweſen zeitigt
er die üppigſten Blüthen. Der Handwerker, Ge=
vatter Schuſter und Schneider führt überall —
„mit Paukenſchlag und Trompetenklang“ — in
ellenlanger Empfehlung ſeine Künſte ein. Ich
las die Reclamen = Annonce eines „Fabrikanten
von Damen= und Kinder=Schuhen“, die eine
vollſtändige Geſchichte des Etabliſſements von
ſeiner Gründung an enthielt, und die den Gang
der ganzen Fabrikation vom Zuſchneiden bis
zum Knöpfebenähen haarklein und lobpreiſend

schilderte. Gleichwerthig steht daneben die An=
kündigungsweise theatralischer Darstellungen, wie
sie von manchen Managern, von Künstlern selbst
geübt wird, und deren sich Jeder auf deutschem
Boden schämen würde. Man sieht hinter den
marktschreierisch vorgetragenen Tiraden den Har=
lekin mit Schellen, Kappe und Pritsche, wie er
auf Jahrmärkten Propaganda macht!

Aehnlich, herausfordernd wie die Art der
Ankündigung, ist die Darstellung selbst: grob,
kernig, urwüchsig wohl, aber ganz ungeläutert
in einem Style, wie ihn etwa Zola unter den
Romanciers vertritt, nur daß das cynische Ele=
ment bei den Franzosen nach einer anderen Seite
gravitirt. Darum haben auch Absurditäten
immer so viel Spielraum auf amerikanischem
Boden gefunden. Hier beutete Felicita Vestvali
das abenteuerliche Project aus, sich in Männer=
kleider zu stecken, und „Romeo“, „Hamlet“, ich
glaube gar, „König Lear“ zu travestiren. Hier
sah ich noch mit eigenen Augen, wie eine be=
deutende — deutsche — Künstlerin sich herbei=
ließ (Udo Brachvogel bezeichnete das Unter=
nehmen allerdings als Monstre=Gastspiel) in
Lessing's „Emilia Galotti“ an einem Abend die
Emilia und Orsina zu spielen! Hier wäre

der Platz auch für das Experiment — und ich
würde es unternehmungsluſtigen Damen als
einträgliche Speculation empfehlen — Karl und
Franz Moor gleichzeitig vorzuführen. Eine Dame
müßte es natürlich ſein, ſonſt wär's ja nichts
Abſonderliches!

Und auch der guten Freunde hat man ganz
zuletzt ſich noch recht ernſtlich zu erwehren. Ihr
blinder Eifer ſchießt über das Ziel hinaus, ſie
meinen's gut und thun uns wehe. Nichts wider-
wärtiger als Verherrlichung auf Koſten Heim-
gegangener. Muß denn — damit des Lebenden
Lorbeer grüne — der Kranz des Todten in
Stücke geriſſen werden? Ich trage keine Schuld
an ſolcher Glorification, Gott weiß es; denn
Sie, Beſte, erfuhren öfter, wie ſcharf ich Selbſt-
kritik übe, wie mich die eigene Prüfung oft bis
zum Kleinmuth treibt, und wie ich voller Pietät
zum Ruhme echter Künſtler emporſchaue.

Und mit dieſem ehrlichen Bekenntniß laſſen
Sie mich meine Berichte ſchließen. Mit dem
holländiſchen Dampfer „Edam" kehrte ich von
meiner Kunſtfahrt in's amerikaniſche Land zurück;
am Bord dieſes Dampfers begann ich für Sie,
verehrte Freundin, dieſe bunten Aufzeichnungen,
und ein Jahr darauf mußte ich in den Blättern

leſen, daß der Dampfer „Edam" bei ſeiner letzten Amerikafahrt geſcheitert und untergegangen iſt! . . . Möchte man da nicht mit dem Hofrath Schiller ausrufen:

„Dem Volk kommt weder Waſſer bei noch Feuer!"

Ihr

Friedrich Haaſe.

Inhalt.

Seite

I. Brief. Was ein „Manager" ist 3

II. = Bunte Eindrücke 16

III. = Unter Collegen 25

IV. = Amerikanische Wanderfreuden 37

V. = New-Yorker Theaterverhältnisse . . . 47

VI. = Von New-York nach San Francisco . 56

VII. = Bei den Chinesen 70

VIII. = Yo Semite Thal 82

IX. = Amerikanische Journalisten 93

Albanus'sche Buchdruckerei (Christian Teich), Dresden.